SÉBASTIEN GENDRON

Selon la théorie dite des « six degrés de séparation », de Karinthy et Milgram, Sébastien Gendron, né en 1970, est aujourd'hui à une poignée de main de George Clooney, donc à deux de Barak Obama et, par conséquent, à trois de François Hollande, soit une confortable position sur l'échiquier mondial. C'est sans doute pour ça que cet ambitieux quadragénaire a choisi d'écrire des romans.

LE TRI SÉLECTIF DES ORDURES ET AUTRES CONS

SÉBASTIEN GENDRON

LE TRI SÉLECTIF DES ORDURES ET AUTRES CONS

Nouvelle édition revue par l'auteur

POCKET

MIXTE
Papier issu de sources responsables
FSC® C003309

Pocket, une marque d'Univers Poche,
est un éditeur qui s'engage pour la préservation
de son environnement et qui utilise du papier fabriqué
à partir de bois provenant de forêts gérées
de manière responsable.

ISBN : 978-2-266-24276-9

À Nils

1

Le grand discount

Je m'appelle Dick Lapelouse. J'ai quarante-deux ans.

Des trucs pas croyables, j'en ai vu des palettes entières. Des machins à la con, j'en ai fait assez pour trois ou quatre fois la vie d'une tortue des Galápagos. À un moment donné, j'ai même fait détective privé, tellement les propositions d'orientation me déprimaient. Mais les histoires de garces et de chats perdus m'ont fatigué dès la deuxième saison.

Alors, j'ai monté mon bizness.

J'ai vu un banquier, je lui ai développé l'affaire, avec des professions de foi très claires sur ma façon d'envisager le métier. Au départ, il était sceptique et puis, lentement, avec des exemples concrets, des petites choses de la vie quotidienne qui pouvaient peut-être bien l'intéresser un jour, il m'a dit que bon, ça n'était pas le genre de dossier qu'il pouvait glisser discrètement à son directeur d'agence, mais qu'étant donné sa délégation d'écritures pour ce type de commerce, il allait voir comment il pouvait traiter l'affaire…

Il s'appelait James.

C'était un jeune type. Tout droit sorti d'une école de commerce, on lui avait imprimé des jolies cartes de visite en blanc avec son nom sous les armoiries de la maison, le tout souligné de l'impayable statut de « conseiller de clientèle privée ». James avait une mèche rebelle, un regard torve et des manières pincées. Un mardi, il me convoque pour le lendemain, dix heures trente tapantes. Derrière son petit bureau scellé au sol, il me fait lambiner en s'excusant des trente secondes qu'il va mettre à clore le dossier de mon prédécesseur. Il minaude trois minutes sur son ordinateur en soupirant parce que la bande passante est saturée. Je lui propose de clore le dossier de ce prédécesseur après notre entretien afin de laisser le temps à la bande passante de se désaturer. James me sourit. Il est content de lui. Il est dans le secret d'alcôve qui nous lie, lui et moi, pour un échantillon d'éternité.

« On est pressé, monsieur Lapelouse ?

— Pas précisément. Mais, vous avez vous-même insisté sur l'exactitude du rendez-vous et je me suis efforcé de la respecter. J'entends que vous soyez, autant que faire se peut, aussi prompt à me rendre la pareille.

— Suis-je en retard ? »

Le jeune commercial me hérisse depuis maintenant trois semaines que je le fréquente. Ce matin, il augmente le prurit d'un degré tout à fait regrettable, sous le secret prétexte que nous préparons ensemble un coup peu ordinaire. Je ne supporte ni les prétentions ni les montreries de subalternes, je suis à quelques demi-doigts de le lui faire violemment savoir mais je me retiens à quatre.

Chaque jour a son lendemain et, à force de vivre, on devient tous le connard de quelqu'un.

« Monsieur Lapelouse, je suis heureux que vous ayez pu vous libérer pour me rencontrer ce matin et, comme je vous le disais hier, il était important que nous nous voyions ce jour.

— Je vous écoute, James.

— Puis-je vous appeler Dick ?

— Non.

— Il manque une pièce à votre dossier.

— Laquelle ? Je pensais qu'il était complet. »

Comme si la porte en verre qui ferme son bureau ne suffisait pas à la confidentialité du moment, James se penche au-dessus de son bureau et me présente son regard le plus sourd :

« Ma mère, monsieur Lapelouse ! »

Je me suis fait tueur à gages le jour où je me suis aperçu qu'enviander un individu dont je ne connaissais ni la provenance ni la descendance était pour moi aussi pénible que de courir trente mètres pour attraper un autobus. Le rapport qualité-prix est exceptionnel. À peu de frais, vous réduisez pour une rentrée d'argent cent pour cent nette d'impôts. Sans oublier la gratification, toujours nécessaire, pour faire fructifier les bonnes idées. Et la première en date, c'était celle qui m'avait conduit au guichet de James trois semaines auparavant : un discount. À l'époque, la conversation avait été un peu plus technique.

« Pourquoi un discount ?

— Eh bien, je gagne dix mille euros par client, pièces et main-d'œuvre déduites. J'ai une affaire en moyenne tous les quinze jours. Ça ne fait jamais que du vingt mille par mois et, au meilleur des bonnes années, vingt-quatre mille. Je sais, avec la moitié de la somme, on devient cador. Mais ça me fatigue de bosser pour des cadors, des types qui ont des petites idées et puis qui tournent en rond avec leurs petites haines toutes pleines de poils. Voilà, moi j'ai suivi un cursus classique, je fais encore les trucs à l'ancienne, je prends mon temps, on m'apprécie, j'ai du talent… Pourquoi je ne ferais pas un peu dans l'altruisme ? Pourquoi je n'irais pas proposer ma vitalité professionnelle aux gens de petite condition ?

— Et vous feriez une croix sur de telles rentrées d'argent, monsieur Lapelouse ? Je ne vous suis pas.

— Écoutez-moi, jeune cadre mou, et sortez votre règle à calcul. Je revois de manière tout à fait exclusive mes honoraires à la baisse. Je ne vous parle pas d'un moins dix, moins vingt, moins trente, non ! Je vous propose du moins cinquante, voire moins soixante-dix par client, pièces et main-d'œuvre incluses. Résultat : au lieu de faire mon taf en bimensuel pantoufles, me voilà à gérer un discount, avec salle d'attente, secrétaire et site Internet. Dans deux ans, je rase l'immeuble d'en face pour faire un parking et, dans trois, je délocalise en Russie. Vous voyez l'histoire ? »

James a vu l'histoire.

Une certaine partie en tout cas. La partie la plus visible pour lui. Il m'a regardé comme seul James imagine une Halliburton pleine d'argent flamboyant et il m'a demandé avec une petite voix étranglée :

« Ne sommes-nous pas en train de parler de choses qui se pratiquent en dehors du cadre de la légalité ?

— Vous savez, James – vous m'excuserez de vous appeler par votre prénom, mais votre badge me tape dans l'œil depuis tout à l'heure – toute affaire qui devient rentable devient, dans la même seconde, intouchable. C'est la règle du commerce. Ne construit-on pas en toute légalité des armes de guerre dans ce pays en paix depuis bientôt soixante ans ? Allez parler de pacification des territoires clients à ces grands humanistes, ils ne discuteront que peu de temps : ce sont leurs ouvriers qui viendront vous foutre dehors à grands coups de pied dans le cul. De braves pères de famille pourtant, des gens comme vous et moi, de gauche quelquefois, même. Eh bien, ces braves pères de famille, James, ils ont des problèmes, comme tout le monde. Y a des gens qui leur veulent du mal, ou qui leur ont piqué leur femme, leur chien ou que sais-je encore, et les voilà tout rentrés, avec leur colère qui fait mal. Combien d'entre eux tombent dans les déboires de l'alcoolisme, souvent pour oublier leur condition de spoliés, mais souvent aussi, hélas ! pour se donner la force d'agir ? Et ceux-là font la connerie d'agir seuls. Combien de ces pauvres hères jonchent les couchettes exiguës de nos prisons, pour un coup de canif mal ajusté, une balle de .22 mal épaulée, une corde à piano mal serrée ? Ces pauvres types méritent, autant que les nantis qui les dirigent, d'avoir la paix et l'assurance d'une certaine sécurité : celle de ne pas être emmerdés par le gougnafier d'en face qui a choisi d'être une ordure de la dernière engeance prête à tout pour commettre ses tristes forfaitures. À celui-là, je demande trois cents euros de base suivant le quotient familial et en plus, parce qu'avant tout je suis un commerçant soucieux d'entretenir une bonne relation avec mon client, je lui propose tout un catalogue pour qu'il se sente à son aise d'envisager la façon dont il exécuterait lui-même l'affaire. Un catalogue, monsieur James, pas moins. Avec pages plastifiées, nomenclature simplifiée, grille de tarif HT, TVA, TTC. Je suis un homme d'exercices et de variété et je propose pas moins de quarante-quatre manières, toutes accompagnées d'un complément de mise à disposition du décès – pudique terminologie que j'emploie pour désigner les divers moyens de disparition des corps (ensevelissement dans un coffret de béton, broyage en usine, abandon sur la voie publique après extirpation de la dentition et des globes oculaires, etc). Vous imaginez bien, monsieur James, qu'avec un tel panel, il y a fort à parier qu'en peu de temps j'aurai acquis un sérieux fonds de commerce.

— Monsieur Lapelouse, je me permets de vous interrompre, car il y a un détail qui – votre exposé est brillant et très alléchant, n'en doutez pas – néanmoins m'échappe.

— Je vous écoute.

— Toutes les personnes susceptibles de faire affaire avec vous sont aussi susceptibles de vous dénoncer aux forces de l'ordre une fois le contrat effectué. Et ça, je suis navré, mais question bénéfice, c'est rédhibitoire. »

J'ai regardé James avec dans l'œil le plein de bonté parce qu'il faut toujours montrer au con qu'il est un con plein de bon sens. Le con est un animal grégaire qui aime à être rassuré par des mots simples qu'il pourrait lui-même assembler jusqu'à pondre une phrase sensée. Et comme on ne traite pas un con de con sans un minimum d'indulgence, j'ai accompagné la suite de mon laïus d'un petit sourire bienveillant :

« Rassurez-vous, monsieur James. Je savais que vous alliez me poser cette question et je m'y suis précisément préparé. Mon bureau sera équipé d'un pointu système vidéo qui me permettra de filmer la totalité des entretiens qui s'y dérouleront. Une pancarte de couleur vive avertira dès l'entrée le curieux peu motivé. De tels enregistrements me lient sans faille à mon client. S'il me dénonce aux forces de l'ordre, je n'ai qu'à remettre, via mon avocat, la bande de l'entretien préalable qui l'incrimine tout autant que moi, si ce n'est plus ; je tiens à votre disposition l'étude des diverses jurisprudences sur le sujet. »

James, sa mèche rebelle, son regard torve et ses manières pincées sont soudainement tombés sous le charme de mon projet d'entreprise. Quelque chose a brillé dans son œil batracien dont je n'ai pas correctement apprécié l'intensité. Il a fait paraître un somptueux stylo-plume, a rédigé un certain nombre de notes sur un bloc de papier, m'a demandé du bout des lèvres de répéter un certain nombre de précisions, puis il m'a gratifié d'un très protocolaire :

« Bien, je vais monter le dossier et je vous rappelle d'ici à trois semaines. »

Comme si son bureau était sur écoute.

J'ai haï James dès cette seconde poignée de main, mais j'ai fait serment de ne pas appliquer à mes petits soucis quotidiens le tâcheronnat requis par mes activités. James serait la première marche qui me ferait m'élever au rang humaniste que je souhaitais conquérir. Et au bout des cinq annuités de remboursement, ce prurit ne serait plus qu'un indigeste souvenir que je chierais quelque part, en un endroit humide et sombre où meurent sans plainte les songes indélicats.

2

La mère de James

« Ma mère, monsieur Lapelouse, est une personne abjecte et décadente qui loge seule dans un deux pièces cuisine de banlieue dont je vous ai noté adresse, code et étage sur le bout de papier que voilà. Elle a quatre-vingt-six ans, souffre d'un bon nombre de complications coronariennes, intestinales, artérielles, rénales et j'en passe, et elle est persuadée de façon monomaniaque qu'une grande partie de la population mondiale, la plus bronzée, lui voue une détestation qui la met en grand danger. Hélas ! vivant chichement d'une retraite de connasse, elle ne peut se payer les services rapprochés d'une garde-malade et, au jour d'aujourd'hui, même le bruit du vent dans les feuilles lui cause une indécrottable tachycardie. Je n'irais pas jusqu'à vous raconter la vie stupide que m'a fait mener cette saloperie, je tiens juste à ce que vous sachiez qu'il est très important pour moi qu'elle ait la mort la plus atroce qu'il se puisse imaginer. Pour ce faire, je vous paierai la base de ce que vous réclamez et je ferai en sorte que votre emprunt vous soit octroyé sous quarante-huit heures. Faisons-nous affaire, monsieur Lapelouse ? »

Je suis entré dans l'immeuble de la rue Xavier-Arnozan avec les aisselles détrempées, il était trois heures du matin. J'avais les clés. Je suis monté. J'ai ouvert la porte et les odeurs de pisse froide ont presque eu raison de moi. James m'avait gentiment dressé un petit plan axonométrique des lieux. J'ai trouvé la chambre, l'interrupteur, allumé la lumière et je l'ai vue, là, allongée sous un édredon de plumes qui, rien qu'en photo, aurait décimé une colonie d'asthmatiques. J'avais beaucoup réfléchi à la manière dont on peut atrocement assassiner une vieille femme malade et la chose m'avait assez peu inspiré. D'une manière générale, je ne supporte pas le gaspillage et tout ce qui me venait à l'esprit nécessitait un matériel hors de proportion.

J'ai donc fait la chose abominable à laquelle James n'aurait même pas pensé dans ses pires désirs matricides et je suis rentré me curer les ongles dans un bain bouillant et très odorant.

3

Je m'installe

J'obtiens rapidement un somptueux bureau.

Dans un immeuble boulevard du Président-Wilson, à Bordeaux, à quelques pas de la barrière du Médoc.

« Pourquoi la province, monsieur Lapelouse ?

— Parce que c'est encore le dernier endroit où ce genre d'activité se pratique sans flétrir sous les coups de boutoir de la mode. Mais ne vous fourvoyez pas, James, toute provinciale qu'elle soit, il n'y a pas plus parisienne que cette belle ville de Bordeaux.

Le bureau voisin est occupé par un jeune psychiatre du nom de Braun.

Nous plaisantons au cours d'un déjeuner délicieux à la brasserie du Noailles sur les possibilités d'échanges entre les clientèles de nos deux disciplines. Nos portes respectives s'ouvrent sur une coursive d'à peine un mètre cinquante de largeur, gardée des fous par une ridicule hampe de bois décoratif et surplombant un hall noir et profond. Je charrie Braun sur les risques qu'offre un tel point de vue pour ses patients les moins viables. Braun me charrie sur les avantages en nature d'un tel endroit pour une profession faite d'opportunités telles que la mienne. Braun est un personnage délicieux, j'en fais un ami et nous en restons là de nos plaisanteries.

J'achète un mobilier complexe aux lignes sèches, métalliques et boisées venues d'une manufacture localisée quelque part entre Stockholm et Oslo, dessiné par un génie au nom empli de consonnes. La masse imposante de l'ensemble m'apparaît de rigueur pour conserver une certaine distance entre le contractant et ma personne. Froidement calculateur, je me place à contrejour de l'unique fenêtre, de manière à gêner les regards indiscrets et à jauger dans le même temps les profondeurs malodorantes de mes futurs clients. Ainsi je me taille la branche sur laquelle j'entends reposer mon assise bourgeoise, marchand discret, maestro du discount avec showroom intégré, cadre dirigeant d'une entreprise du secteur tertiaire de vaste ampleur qui redonnera réjouissance et joie de vivre à ceux qui, hier encore, songeaient avec amertume à la tristesse de leurs jours ouvrés.

GENS DU PEUPLE, RELEVEZ-VOUS, CAR VOICI POUR VOUS SERVIR LA TRÉPANATION À 56 € TTC, L'ACCIDENT DE VOITURE À 79,99 € (VÉHICULE NON FOURNI), L'ENTERREMENT EN MILIEU FORESTIER À 100 € TOUT ROND (HORS FRAIS DE DÉPLACEMENT ET DE TEINTURERIE) ET LE FORFAIT MENACE + GRAND-PEUR + ASSASSINAT DANS RUE DÉGAGÉE, POUR 250 € SEULEMENT.

« Vous voulez ça en combien d'exemplaires ?
— Je ne sais pas, vous avez des formules ?
— Avec cartes de visite ?
— Ça dépend, ça coûte combien ?

— Plastifiées ?

— Vous répondez parfois aux questions ou la batterie de tests continue ?

— Moi, je vous dis ça, c'est parce que ça dépend, vous savez.

— Ça dépend de quoi ?

— Vous avez une idée du budget ? »

Voilà à quoi je ne ressemblerai plus jamais.

Vingt-huit ans, courbé au-dessus du bruit de ses rotatives rutilantes, l'homme-photocopie-service me contemple comme un catalogue de pages blanches. J'opte pour du cent vingt grammes plastifié, avec un supplément pour les cartes de visite deux pouces sans filigrane, juste un numéro de téléphone, et du soixante grammes bas de gamme en recyclé pour les tracts. En trois jours, j'ai fait toutes les boîtes aux lettres des quartiers Saint-Pierre, Saint-Éloi, Saint-Michel, la gare, le Grand Parc, Bacalan :

PROFESSIONNEL POSSÉDANT UNE GRANDE EXPÉRIENCE ÉLIMINE TOUTES VOS ORDURES. NE VOUS GÂCHEZ PLUS LA VIE : POUR UN SERVICE COMPLET, RICHARD LAPELOUSE APPLIQUE LES PRIX LES PLUS BAS DU MARCHÉ.

VENEZ JUGER SUR PLACE... RICHARD LAPELOUSE : VINGT ANS D'EXPÉRIENCE AU SERVICE DE VOS ORDURES.

4

Questions de clientèle et éléments de réponse

« Alors je lui ai dit ça : “C’qu’y a d’emmerdant avec toi, c’est qu’en picole tu me coûtes cher. Tu comprends, sensément, je picole pour oublier que t’es chiante. Seulement voilà, plus je bois et plus t’es chiante !” Faut pas croire, monsieur Lapelouse, j’ai pas sorti ça comme ça. J’ai pas de tac au tac, moi, on m’a pas vendu avec, alors les mots d’esprit, ben je les écris dans un petit carnet, sur les gogues et puis j’attends mon tour pour les lui sortir. Si vous saviez, monsieur Lapelouse. Vous pouvez faire quoi, pour moi ? »

Le type me regarde comme si j’étais sa maman, vingt ans plus tôt. Qu’est-ce que je peux faire pour lui et sa bonne femme ? Lui tendre le catalogue, qu’il se fasse déjà une idée. Hop ! Un doigt sur la tranche et l’encyclopédie Lapelouse glisse jusqu’à l’homme désabusé qui s’imagine déjà demain, rentrant chez lui et ne trouvant plus personne pour le faire chier.

« Qu’est-ce que c’est ?

— Des propositions, monsieur Carme.

— Comment ça ?

— Vous voulez que je fasse disparaître votre femme ? »

Voilà. Le problème du client se trouve là : il est entré avec mon petit prospectus à la main et puis il a considéré le décorum comme s'il voulait me faire croire qu'il s'attendait à entrer dans l'antichambre d'une usine de retraitement. Après, il s'est assis avec un petit sourire coincé en bas du menton, il a secoué le prospectus en espérant que j'allais lui dire « Oh ! Vous aussi, vous avez trouvé ce machin, je suis désolé, on m'a joué une mauvaise blague ! Que voulez-vous, la jeunesse s'ennuie. » Mais comme je n'ai évidemment rien dit, il a décidé de tenter le quiproquo :

« Alors comme ça, vous vous occupez des ordures », juste histoire de ne pas se gourer, des fois que je m'occuperais réellement des ordures.

J'ai croisé les mains au-dessus de mes accoudoirs et je me suis demandé combien de temps je devais laisser rôtir mon premier client. Étonnamment, c'est lui qui s'est mis tout seul en route. Et il a commencé à me parler de sa femme, sans préambule. Voici donc un quart d'heure qu'il se plaint, il a réfléchi à tout ça au cours des dernières quarante-huit heures tournant et retournant mon petit tract, mais maintenant je lui dis que sa femme va disparaître et il ouvre le manuel d'instructions. Pour choisir sa formule.

M. Carme est le premier cas de figure que l'on peut rencontrer dans la profession. C'est pourquoi j'ai choisi ce bureau et sa très précise disposition.

« Les toilettes sont à votre droite, monsieur Carme !

Non, cette porte-ci, voilà ! Il y a du Sopalin au-dessus de l'évier. »

La première journée s'achève sans que personne d'autre ne passe par mes toilettes, ni par le siège client. À midi, Braun est venu frapper à ma porte mais je n'ai pas accepté son invitation à déjeuner, craignant de manquer à mon devoir d'intérêt public. À cinq heures, il m'a proposé un apéritif que j'ai accepté. Nous avons à nouveau devisé sur l'étrangeté de nos missions respectives puis une patiente sans ongles s'est présentée à son office, je suis reparti vers le mien et j'ai achevé la journée en classant des papiers blancs.

Mardi. Dix heures trente. Deuxième client. M. Fabre. Trente-huit ans. Le petit composite à la main, une vague envie de s'être gouré. Des problèmes avec son beau-frère l'excitent passablement, le pressent, l'étouffent et puis finalement, il se jette sur mon catalogue comme Renart sur un rouleau de saucisses.

« Bon sang, c'est excellent ! Vous faites ça tout seul ?

— La discrétion, monsieur Fabre, plus que l'Urssaf, me pousse à agir en solitude, oui.

— Je veux ça, là ! C'est cher combien ? »

« Ça, là » est très rembrandtien dans le thème. Je cerne les yeux de dingue de M. Fabre et discerne que le dernier accrochage verbal qu'il a perdu contre son beau-frère est sans aucun doute très récent. Attention, je ne suis pas un gagne-petit, je ne saute pas comme une tique sur le premier chien qui passe. Bon nombre de clients se sentent libres une fois qu'ils ont signé leur chèque. Et puis leur bide se dégonfle et tout devient un énorme gâchis. Pas de ça chez Lapelouse Inc. Ici, on discute, on argumente, on choisit à la pièce, on juge du présent et de l'avenir, on filme tout ça ensuite, puis seulement, on établit un rétroplanning. J'ai vu des types se viander pour des peccadilles bien mieux préparées que ça.

« Très bien, monsieur Fabre. Voici ce que je vais faire afin que nous obtenions le résultat que vous voyez ici. Il y a, pour cet exercice, deux méthodes. La première se pratique sur la personne encore vivante et résulte, la plupart du temps, d'un puissant besoin de vengeance de la part du client qui l'exige. Pour ce faire, je pénètre chez la victime avec la plus grande discrétion et je lui injecte un soporifique qui ne nuira à sa vigilance qu'une quinzaine de minutes seulement. Ce quart d'heure me laisse le temps de préparer les lieux : une barre de traction vissée en travers d'un chambranle de porte et deux crochets de boucher qui me permettent de suspendre la victime endormie par les pieds. Face à elle, une psyché, soigneusement disposée afin qu'à son réveil, elle se découvre, pendante. En général, l'effet est immédiat : l'hôte hurle. C'est à cet instant que j'entre en scène : à l'aide d'un couteau que je fais tout spécialement affûter par un charcutier de mes amis, j'ouvre le ventre de notre contrat d'un geste aussi ample que précis. Suspendu la tête en bas, le corps se libère sans résistance de ses viscères qui s'échappent par paquets entiers, chute à laquelle la victime assiste sans en perdre une miette. Une descente d'organes tout à fait concrète, si vous voyez ce que je veux dire. »

Je ponctue la plaisanterie d'un petit rire sardonique avant de poursuivre :

« La seconde méthode se pratiquera sur la personne déjà froide et résultera davantage d'un désir de laisser une trace particulièrement macabre, à l'usage d'une tierce personne. Il m'apparaît ici que la première méthode est la meilleure dans le cas qui vous concerne. Qu'en pensez-vous, monsieur Fabre ?

— Je ne sais pas trop…

— La porte de droite, monsieur Fabre. Le Sopalin est sur l'évier. Merci de tirer la chasse. »

Mercredi. Dix-neuf heures trente. Alors que j'ai invité Braun à partager un vieux-télégraphe sur ma terrasse au-dessus du boulevard, un client solide se présente. Braun disparaît. Je fais entrer l'homme solide, l'invite à s'asseoir, me saisis de la télécommande de ma caméra :

« Vous ne voyez pas d'inconvénient à ce que je filme cet entretien, monsieur Dentresangle ?

— Je vous en prie.

— Que puis-je pour vous ?

— Vos tarifs sont à l'usage de qui ?

— À l'usage de celui qui les demande et ne semble pas pouvoir dépenser plus. Vous semblez pouvoir dépenser peu pour une affaire qui vous étouffe, je vous écoute. »

Je ne suis pas un homme qui économise facilement ses paroles.

J'aime les belles phrases, parler me rassure comme une bouée en soie au cœur de ce monde médiocre. Parfois, mes clients ne comprennent même pas ce que je viens de dire et, quand vient mon point d'interrogation, ils me regardent avec des miroirs de taupes et brament un « hein ? » des plus déplacés.

M. Dentresangle sera un client moitié muet mais pas moins décidé. Il a ouvert son portefeuille – ou bien cet homme se fait assister par un très bon accessoiriste ou bien il est réellement ce qu'il prétend être – un misérable machin en fibres de plastique et fermeture chatterton, il a sorti une photo qu'il n'a même pas regardée, il a posé son index dessus et il a poussé la photo jusqu'à moi.

« Voilà : c'est elle. Elle habite au 21, rue Maucoudinat. J'y vais trois fois par semaine : le mardi à onze heures, le jeudi à quatorze heures, le dimanche à l'heure des vêpres. Je prends l'option "accident domestique", avec le petit supplément "dédicace", pour lequel j'ai rédigé un petit mot. Voici un chèque de cent soixante-dix-neuf euros et le petit mot. Vous arrivez à me lire ?

— Très bien, monsieur Dentresangle. Tout cela m'a l'air parfait. Vous savez exactement ce que signifie l'acte pour lequel vous me rémunérez aujourd'hui ?

— Passez-moi les détails, mon garçon, je vous exonère de tout.

— Je suis obligé, monsieur Dentresangle de vous faire l'article. Vous semblez être un homme de décision, je n'en aurai que pour quelques instants. »

M. Dentresangle regarde son poignet et la montre qui le ceint puis acquiesce.

« La personne que vous me demandez d'occire s'appelle Mme Dalban-Messière, elle loge au troisième étage gauche du 21, rue Maucoudinat, à Bordeaux, est âgée de quarante-neuf ans et vous désirez que j'agisse sur elle selon les descriptions faites aux articles 24 de la page 9 et 2 de la page 213 du catalogue ci-présent. Est-ce exact, monsieur Dentresangle ?

— Oui.

— Vous prenez toute conscience qu'à partir de demain après-midi, soit vingt-quatre heures précisément après le présent rendez-vous, heure à laquelle le chèque ci-présent aura été encaissé, la commande que vous venez de me passer ne pourra plus être annulée ?

— Oui.

— Vous prenez toute conscience que, passé ce délai, et suivant les dates et horaires de mise à disposition de la victime que vous venez de désigner, je pourrai intervenir en lieu et place du domicile du contrat susnommé, à ma discrétion ?

— Oui.

— Vous prenez conscience qu'au moment précis où ce contrat sera exécuté, il le sera de façon absolument irréversible ?

— Oui.

— Vous prenez conscience que s'il arrivait d'une manière ou d'une autre que les forces de police remontent jusqu'à la piste du contrat, vous seriez, en qualité de contractant, coauteur des faits et donc passible des mêmes faits de justice que moi ?

— Oui.

— Vous prenez conscience, enfin, que la nommée Mme Dalban-Messière va cesser d'exister de manière irrévocable suite à votre commande et que je ne serai dans ce cas que votre bras armé ?

— Oui. »

M. Dentresangle s'en va avec son histoire qui ne l'a pas fait ciller une seule seconde. M. Dentresangle va disparaître de la circulation. J'existe pour tous les M. Dentresangle de la région. Je sers de grand manitou pour les autres. Je suis la clé avec laquelle on remet les pendules à l'heure. Me voilà rasséréné. Le téléphone sonne. C'est James.

« Comment vont les affaires, monsieur Lapelouse ?

— Je prends conscience de l'étendue de ma mission sociale, James. Et vous, la culture de champignons qui vous ronge les entre-orteils, comment se porte-t-elle ? »

5

Madame Dalban-Messière

J'ai donc choisi l'heure des vêpres. Je ne crois pas en Dieu. Je n'ai pas de temps à perdre. J'interphone. Je dis que c'est moi avec une voix de clapier, la porte s'ouvre, je grimpe les longues marches plates qui mènent au troisième gauche, je suis essoufflé, j'entre et je tombe sur Mme Dalban.

Mme Dalban a toujours dû être pute mais n'a jamais dû être belle. Sa vie tient en ces mots.

« Vous n'êtes pas Dentresangle, qu'est-ce que c'est que ce bordel ? Si vous comptez profiter de… Qu'est-ce que vous fabriquez avec ces gants ?

— Je les enfile, madame Dalban.

— Je vois bien… Comment vous connaissez mon nom ? Aaaaaah ! »

Et la voilà qui s'affole et s'enfuit en courant à travers son appartement.

Je ferme pour ma part la porte d'entrée, retire la clé que je range dans la poche revolver de mon pantalon de combat passe-partout et je pars à sa recherche. L'endroit est neutre, pas de fanfreluches, pas de poupées espagnoles, pas de meubles en formica, pas de courtepointe au crochet sur les dossiers des fauteuils, pas de mobilier d'un goût douteux. Non. Rien de tout ça. Juste un inventaire disparate d'éléments piqués à la rue trois minutes avant le passage des poubelles. Mme Dalban se trouve justement derrière un grand canapé dont le cuir a vécu et pour l'arrivée duquel il a sans doute fallu une bonne demi-douzaine de michetons aux épaules voûtées. Je n'aime pas les armes à feu et d'ailleurs, l'abattage ne fait pas partie de mon catalogue. Je possède néanmoins un petit Walther PPK d'assez belle allure qui ne me sert que d'argument. Il est tout de même chargé mais de manière purement défensive. Je trouve aux pistolets et revolvers un trop faible vecteur de création. Pour tout dire, je trouve que ces machins sont des armes de droite. N'allez pas me demander pourquoi, je n'en sais foutre rien mais c'est à peu près l'effet qu'ils me font : l'arme à feu est l'accessoire de ceux qui protègent leur argent coûte que coûte. Je fais donc paraître mon petit PPK à l'endroit où pense se cacher Mme Dalban, ce qui m'évite de dire :

« Sortez de là ! »

Mme Dalban sort de là, toute tremblante, toute bavante, toute chialante.

Elle branlotte du menton en pronostiquant sur les raisons d'une fin si prématurée :

« J'ai remboursé La Serpe y a deux semaines. Trois cent mille, ça lui suffisait pas ? Si c'est Dédé qui t'envoie, tu peux lui dire qu'il aille se faire foutre et puis tu peux ranger ton poireau parce que tu verras jamais le premier centime de ce qu'il t'a promis, c'est qu'un naze. T'es quand même pas un indépendant qu'a dans l'idée de dézinguer les putes pour assainir l'endroit ?

Bordel, si c'est ça, tu peux toujours y aller : une qui tombe, une autre sort de l'ombre à sa place… Enfin, mais qui t'es ? Qui c'est qui t'envoie ? Pourquoi tu dis rien ? Tu veux pas juste me filer une piste ? J'te file cent sacs et tu dis qui t'es. J'te fais une pipe en même temps ? »

J'ai appris la petite phrase de Dentresangle par cœur. Elle sort de ma bouche comme la fin du récital. Je ne juge pas. J'exécute à prix discount :

« L'éjaculateur précoce t'emmerde ! L'éjaculateur précoce te pisse à la raie ! L'éjaculateur précoce chie sur ta tombe ! L'éjaculateur précoce te maudit ! L'éjaculateur précoce te salue bien ! Connasse ! »

Elle est toute nue dans sa baignoire. Elle pose un pied sur la savonnette et lève l'autre. La glissade vers un monde meilleur s'achève contre l'émail du rebord latéral.

6

Ma plaque

Je reçois mon numéro de Siret.

Je pose ma plaque en cuivre : DICK LAPELOUSE.

J'ai beaucoup réfléchi, des nuits entières, j'en ai parlé à Braun, j'ai évoqué l'affaire avec James en pensant qu'il était la meilleure personne pour juger. Finalement, tout le monde est tombé d'accord. Eu égard à mon activité, la seule majusculisation de mes nom et prénom suffirait. DICK LAPELOUSE. Pas de chichis, pas de truc emberlificoté avec des termes en triphtongues pour définir la raison sociale. Ma raison sociale c'est moi, ma paire de mains et la centaine d'idées que je peux développer pour mettre en place une affaire. Une visserie simple, du cuivre de première qualité prétendu inrayable, une fiole de Miror, une peau de chamois et une bouteille de Cristal Roederer.

Je frappe à la porte de Braun.

« Je suis en consulte, Richard, tu m'excuses ?

— Tu es libre après le taf ?

— Pour ?

— J'ai reçu mon numéro de Siret, j'ai pris du champagne…

— Ah, merde ! Je ne vais pas pouvoir. Ma mère est en ville pour deux jours. »

Je bois seul. Assis dans mon bureau aseptisé, à la place du client, je regarde la place vide du type qui bute des gens à des prix défiant toute concurrence. Quoi ? Y a bien pire comme boulot, on sait tous ça. On a toujours quelqu'un au-dessus ou en dessous de nous pour faire bien pire que nous. À lui seul, comme si ça ne suffisait pas, ce pauvre type cautionne le simple fait qu'il puisse y avoir des gars moins pires ailleurs. Et je préfère être à ma place qu'à la sienne.

Ça veut dire quoi ? Rien, bien entendu.

Mais j'ai les trois quarts de ma bouteille de Cristal dans le cornet et mon bureau scandinave me donne l'impression de devoir raisonner comme un directeur d'institut médico-légal. Allez, si c'est comme ça, je vais me coucher.

7

La routine

« Vous prenez toute conscience qu'à partir de demain après-midi, soit vingt-quatre heures précisément après le présent rendez-vous, heure à laquelle le chèque ci-présent aura été encaissé, la commande que vous venez de me passer ne pourra plus être annulée ?

— Putain mais j'espère bien, ouais, que ça sera pas annulé ! Manquerait plus que ça ! Pourquoi vous me dites ça, d'abord ? Vous comptez me la faire comme dans *Blanche-Neige*, le type qui peut pas la flinguer, alors il chourave le cœur d'un putois et il le ramène à la Reine qui gobe tout ? Attendez, faut arrêter les conneries, là ! J'suis pas la Reine, moi, comprenons-nous bien, mon bon monsieur. Je vous ai filé cent vingt euros et j'attends bien que vous me creviez cette sale merde ! Tiens, attendez : combien vous prenez pour me ramener le cœur de cet enculé ?

— Ça ne figure pas au catalogue.

— Comment ça, ça ne figure pas au catalogue ? Et là, page 29 : "Les trophées" ? J'invente pas, quand même !

— Vous noterez que le cœur n'est pas proposé.

— Exact, mon pépère. Mais quand je consulte la page des options, qu'est-ce que je vois ? *“Toute proposition est la bienvenue et sera exécutée moyennant une majoration à étudier sur la base de 10 % TTC.”* Alors ? Qu'est-ce que vous dites de ça ? Le cœur majoré à dix pour cent c'est possible, non ? Toute façon, vous bossez pour la thune, hein ? Le reste, c'est comme moi, vous vous en battez les couilles, non ? »

Je ne suis pas un modèle standard issu de la dernière sortie d'usine.

Les gaillards comme le superwelter qui m'époussette la banquette avec la face velourée de son pantalon trop court, je les ai fréquentés pendant quinze ans avant d'accéder à l'indépendance. Ils gagnent leur vie encore plus facilement que je gagne la mienne. À coups de pompe dans les gonades des vilains à la sortie d'une boîte de nuit, on les appelle, avec une finesse presque moqueuse, les physionomistes. Dans la molécule surmusclée qui leur tient lieu de cerveau, ces types ne connaissent jamais rien d'autre que l'état de leurs désirs instantanés. Les faire douter quatre centièmes de seconde du bien-fondé de la solution qu'ils envisagent revient à peu près à chausser une paire de gants de boxe pour arrêter un TER. Je prends le chèque du videur, son option choisie et vais trouver la personne qu'il m'a demandé de détruire.

L'affaire prend un certain temps et n'est pas plaisante à conclure. Bien entendu, le dénommé Bruce sait pertinemment qui m'envoie et dans quel but. Avec une nette tendance à l'autoapitoiement, il geint, se cache, court en hurlant, puis une fois traqué, acculé dans une encoignure de sa vaste maison, il supplie et abandonne le peu de chances qu'il lui restait en tentant de racheter son contrat.

« Désolé, je ne traite qu'à mon office. »

Bruce pleure tout le temps que je le travaille puis il s'endort paisiblement, coule vite par la bonde de l'évier d'une salle de bains brossée à l'Émail Diamant. Je lui ouvre la cage thoracique, débranche son cœur que je range dans un sac de congélation et le livre le soir même au physionomiste qui ne dit même pas merci, repart avec son trophée et disparaît de ma vie.

8

Moi et George Clooney

J'ai perdu pas mal de temps à travailler cette attitude cool très années 1950 américaines que je trimbale en laisse, du moment où je quitte mon lit à celui où je rentre me coucher. Ça ne s'est pas fait tout seul. J'ai beaucoup tergiversé. Il fallait une silhouette. La nécessité s'est fait sentir comme un parfum qui vous force à éternuer. J'étais là, je ne ressemblais à rien, je manquais considérablement d'assurance. Ma cinéphilie vient de cette tendre époque où le souci de mes poses plastiques occupait chacun de mes instants.

J'ai commencé par regarder les films de Steve McQueen.

Thomas Crown et *Bullitt* étaient mes masterclass. J'avais acheté un imperméable Burberry crème et une collection de pulls col roulé en maille serrée extrafine. Je portais ça avec des jeans toujours impeccables et des Penny Loafer perpétuellement cirées. Le crin coupé court. Rasé de frais. J'avais cette allure de *preppy* à laquelle il ne manquait qu'un petit cartable de cuir sobre vaguement rempli de quelques effets scolaires.

Ça n'allait pas.

Je n'étais pas bien né, la panoplie me collait aux doigts comme du mauvais sucre et puis le Burberry finissait toujours chez le teinturier si bien que j'ai fini par l'y abandonner. Les Penny Loafer ont connu le même sort, lâchées sous prétexte de leur faire réparer la crêpe chez le Talon-Minute du coin. Les pulls en maille serrée extrafine se sont brutalement vitrifiés dans un Lavomatic de mauvaise qualité. J'ai achevé moi-même mes jeans, me suis laissé pousser la frange, ai taillé un bouc dont les dimensions ont changé, durant un temps, en suivant les variations saisonnières et puis, las de ne plus me reconnaître, j'ai rencontré George Clooney un soir que j'allais au cinéma chercher des trucs avec des héros inrayables qui chopent des méchants en granit et cueillent des minettes en peau de zibeline. Je suis sorti deux heures plus tard en souriant de travers et en dodelinant de la tête.

Je ne me suis jamais arrêté depuis.

9

James

James est ici.

Un soir que je repasse par le bureau avant de rentrer me doucher, il est assis alors que la porte d'entrée est close à double tour comme je l'ai laissée en partant trois heures plus tôt. Je contourne la place qu'il occupe et je m'assois tranquillement tout en jetant un œil distrait au courrier du jour. James n'a ni les clés de cet endroit, ni la plus petite idée de mon emploi du temps, encore moins de la saute d'humeur qui m'a fait passer par là à cette heure. C'est exactement pourquoi je ne lui poserai aucune question concernant sa présence ici, ni ne montrerai le moindre étonnement. Il est déjà suffisamment satisfait d'avoir réussi ce tour particulièrement complexe, je ne vais pas rajouter à son autocongratulation.

« Comment allez-vous, Dick ?

— Bien, James, bien. Un peu fatigué, mais bien.

— Bon. C'est parfait alors. Je vois que les affaires marchent plutôt pas mal.

— Absolument.

— Vous êtes content ?

— On le serait à moins.

— C'est parfait. Vous buvez quelque chose, Dick ?

— Non, merci. Je ne vais pas rester très longtemps. »

James se lève en lissant son pantalon puis se dirige vers le mur du fond au centre duquel une reproduction d'une toile de Lichtenstein titrée *Drowning Girl* – une belle brune s'y noie en songeant « *I don't care ! I'd rather sink than call Brad for help* » – dissimule un minibar intégré. James revient en souriant, content de son Martini frais et il me félicite pour le bon goût de l'endroit. Soit, je serre les maxillaires, mais ne flanche pas, acquiesce, allume une cigarette dont les particules de nicotine s'occupent de négocier avec mes nerfs pendant que, tout à ma tête, je réfléchis à la vitesse de deux cents supracalculateurs en batterie. Peine perdue, rien n'en sort, je coince là sans pouvoir rien faire d'autre que de continuer à simuler la détente face à James, dont l'assise flanche de plus en plus vers une totale décontraction : il pose à cet instant les deux talons de ses Berluti sur le rebord de ma table de travail. Arrivera-t-il à me retourner, se demande sa paire de sourcils qui me regarde comme si, affamé depuis huit jours, je nageais autour d'un appât flottant au centre d'un aquarium ridiculement petit.

Je sais ce à quoi pense James.

Je vais tondre le gazon qui lui pousse sous les pieds dans la seconde parce que la situation finit par me miner et, miné, je deviens dangereux même pour mes proches.

Je me lève et je sors. Derrière moi j'éteins la lumière et je ferme la porte à double tour. Et pour faire bonne mesure, j'actionne l'alarme.

J'habite une petite échoppe dans un coin étrange situé en face du CHU de Bordeaux, quartier de Pellegrin. L'étrangeté n'a rien de renversant. Elle réside juste dans le nom de cette artère : rue de la Pelouse-de-Douet.

Comment un être humain normalement constitué peut-il donner à l'une des rues de la cinquième ville de France un nom aussi débile. Pelouse de Douet ! Je me suis renseigné auprès de l'agence qui me loue : la pelouse dénommée est celle du stade Chaban-Delmas situé à quelques encablures de là. Et alors ? Quand on sait la liste des morts illustres qui font la queue pour avoir une plaque bleue au coin d'un chemin, on se demande s'il était urgent qu'une rue porte le nom du terrain de foot local. Pourquoi ne pas avoir pondu directement une avenue Chaban-Delmas ? Et le fait que j'exècre le foot au moins autant que la brandade de morue n'a rien à voir là-dedans, je ne me permettrais pas.

J'entre, passe plus de dix-huit minutes dans le bain à me frotter le dessous des ongles à l'aide d'une brosse en poils plastique et je me couche en lisant l'étrange édition d'une thèse consacrée à l'engagement manqué de Jean-Patrick Manchette.

Sans grande surprise, je suis réveillé à trois heures par l'agent de faction de l'hôtel de police du quartier Mériadeck. Sur place, on me présente l'homme qui a été arrêté dans mes murs par les nervis de la société de sécurité. Je n'apprécie pas particulièrement l'incursion dans ma vie de telles brigades, mais mon contrat d'assurance stipule que mon bureau doit être mis sous alarme. Dans sa cage grillagée, James fait une autre tronche qu'il y a cinq heures. Le costume en lin beige n'était sans doute pas un choix très judicieux. Taché, froissé, James me regarde par en dessous en faisant jouer les muscles noueux de ses jeunes mâchoires trop entraînées à concasser la gomme.

« Vous portez plainte ?

— Non.

— Signez là.
— Vous le relâchez quand ?
— Le temps de remplir trois formulaires.
— Dites-lui que je l'attends dans le couloir. »

Nous traversons Bordeaux dans le sens du fleuve jusqu'au marché des Capucins.

À la terrasse d'un restaurant à viande, dans le petit jour naissant, James et moi, nous partageons quelques impressions vagues sur le lieu qui nous accueille, la vie que nous menons, notre évidente différence d'âge et les idées divergentes qui nous animent. Dans la halle en face, la poissonnière et le maraîcher remplissent leurs éventaires en se plaignant de la conjoncture. Le marché des Capucins est un endroit étrange comme on n'en trouve qu'en agglomération : le rez-de-chaussée est occupé par les étals des marchands débordant de belles tomates et de beaux poissons et, le premier étage, par un parking ajouré d'où s'échappe une pluie incessante d'hydrocarbures.

« Pourquoi faites-vous ce métier bizarre, Dick ?
— Je pourrais vous demander exactement la même chose, James. Mais vous m'en voudriez.
— J'ai fait des études pour ça, moi.
— Oui, vous avez sans doute raison. Rien n'est comparable à ça. »

Je raccompagne James à l'avion de huit heures et je rentre en me demandant combien de fois je devrais supporter de revoir ce dingue dans mes parages avant de lui loger un coup de canif dans l'aorte. Quelque part, très loin entre mon hypophyse et mon cortex, une voix microscopique armée d'un puissant mégaphone murmure dans mes oreilles :

« C'est pas gagné ! »

10

Tuez Lord Mac Herlan !

Lord Mac Herlan n'est pas la personne que je me suis imaginée. Mon client m'a prévenu qu'il était un cauchemar perpétuel, une emprise sur sa vie, qu'il le réduisait à ses plus simples fonctions et à l'abjection de l'abaissement, que cette vie n'était plus possible et qu'au bout de quinze années d'esclavage, il n'en pouvait plus.

« Tuez Lord Mac Herlan ! Tenez, voici les clés de mon appartement. Vous entrez vers neuf heures. Je lui aurai servi son repas et il dormira. Vous pourrez agir sans être dérangé, il ronfle tellement qu'il ne m'entendrait même pas lui chier dessus.

— Pourquoi ne faites-vous pas ça ?

— Et après ?

— …

— Un sourire kabyle, vous faites ça à combien ?

— Je vous laisse consulter le catalogue. »

Lord Mac Herlan est couché sur le canapé.

Le canapé a sans aucun doute été spécialement acheté pour Lord Mac Herlan. C'est un engin de près de trois mètres, noir, en peau retournée, protégé des poils par un plaid écossais noir, rouge et vert. Lord Mac Herlan dort et ronfle comme si les deux fonctions étaient plus épuisantes l'une que l'autre. Vue de ma hauteur, la vie de Lord Mac Herlan n'a pas l'air plus intéressante que les nombreuses scènes de chasse au point de croix que réalise et encadre pour lui son dévoué maître. Lord Mac Herlan est un barzoï et je n'ai jamais tué de chien.

« Je ne fais pas les animaux.

— Quoi ?

— Je ne tue pas les animaux.

— Vous plaisantez ? Vous êtes allé là-bas, vous l'avez regardé dormir et vous êtes reparti, c'est ça ?

— Vous ne m'aviez pas dit que c'était un chien !

— Quelle différence ça fait ? Je vous croyais motivé par l'argent ! Je me suis trompé, vous n'êtes qu'une lope.

— Si ça vous plaît !

— Enfin quoi, bordel ! Vous n'avez jamais noyé des chatons dans votre enfance ? Asphyxié des chiots à l'éther ?

— Jamais, non, en effet.

— Alors pourquoi vous faites ce métier ?

— Je vais vous refaire un chèque.

— Tuez Lord Mac Herlan, je vous en supplie.

— C'est hors de question. Je mets le chèque à quel ordre ?

— Tuez-moi ce putain de chien, Lapelouse, ou je vous préviens que je vous fais une saloperie de pub !

— Faites. J'ai trop de clients.

— Pauvre connard ! Tu vas regretter de t'être défilé.

— Calmez-vous, mon ami, la situation n'est pas suffisamment historique pour faire de grandes phrases complexes. Rentrez chez vous, dormez là-dessus et si vraiment la situation est intenable, avant la bouteille d'éther, rappelez-vous que nous approchons du mois de juillet : à cette saison, les arbres des aires de repos sont souvent les meilleurs amis des chiens. Bonne journée. »

L'homme repart comme il est apparu. L'épaule voûtée sur une allure d'Atlas débordé par sa cynophilie. Crétin !

11

Un flic

C'est le type qui m'a fait signer la main courante à Mériadec. Un blond, mafflu, avec le regard franc d'un âne qui recule. Comme je le reconnais immédiatement, je manque une seconde à la première résolution du métier : masquer l'émotion.

« Oui, vous me reconnaissez : c'est moi qui vous ai fait signer la main courante hier, à Mériadec, pour le type qui vous avait cambriolé.

— Ce type ne m'a pas cambriolé.

— Il est entré chez vous par effraction, c'est du pareil au même.

— Pas du tout. Il est entré chez moi, certes, mais sans la moindre effraction.

— Comment ça ? Il avait les clés ?

— Dites-moi, monsieur l'agent, vous êtes ici pour suivre une affaire qui n'existe plus ou bien… ?

— Pardonnez-moi. »

L'homme se remet d'aplomb dans mes fauteuils où, il est vrai, pour peu qu'on se sente à son aise, on se laisse facilement aller. Il redevient strict et inquiet, client, discipliné par son effroyable requête. Il n'est pas là pour moi, il est là pour lui. Je dois mettre un terme à notre entretien avant de devenir un prétexte subprofessionnel.

« Je vous avertis que je ne règle pas les problèmes de caniveaux de la police.

— Comment ça ?

— Je n'irai pas éliminer un violeur de petite fille que vous n'avez pas été capable de confondre. Voilà ce que je veux dire.

— Vous servez à quoi alors ?

— À recevoir un chèque pour les missions que j'accomplis selon les options de votre choix.

— Et si je vous paie pour éliminer un violeur de petite fille que je n'ai pas été capable de confondre, mais sur qui j'ai des soupçons extrêmement fondés ?

— Je n'écoute pas les justifications sentimentales qui poussent mes clients à passer le pas de ma porte. Que puis-je pour vous ? »

Une photo apparaît sur le bord de mon bureau et glisse comme à l'accoutumée jusqu'à moi. C'est un homme d'une confortable cinquantaine, posant dans un costume noir engoncé, au centre d'une photo ancienne – à moins que la lumière Harcourt ne soit là qu'un effet de style pour dater l'image à des fins vaguement artistiques. Il tient entre les doigts de sa main gauche une cigarette sans filtre dont une fine volute de fumée remonte par-dessus son épaule et accroche avant de disparaître hors-champ les deux traits du projecteur. Les sourcils relevés font monter sur le front dégagé de cet homme qui se teint les cheveux, c'est évident, une série de six plis qui lui donnent un air très étudié d'acteur américain. À la boutonnière, le noir et blanc du cliché ne me permet pas de distinguer si la rosette est bleue ou rouge.

« Cet homme habite une vaste maison de campagne du côté de Libourne. Il n'a pas de garde du corps.

— Pourquoi en aurait-il ?

— Ne me dites pas que vous ne le reconnaissez pas ?

— Je devrais ?

— Vous n'êtes pas du coin ?

— Non.

— C'est le préfet.

— Je ne fais pas les personnalités politiques.

— Et si je vous dis qu'il est aussi un violeur de fillettes ?

— J'ai déjà répondu à cette question, monsieur.

— Enfin bordel ! Une balle dans l'œil, ça vous prend quelques secondes et vous repartez comme vous êtes venu.

— C'est non.

— Pourquoi ?

— Un *parce que* suffira. Si vous n'avez rien de mieux à me proposer, monsieur, je vous prierais de bien vouloir sortir.

— Tuez cet homme.

— Faites-le vous-même.

— J'en suis incapable.

— Tant pis pour vous.

— J'en référerai à qui de droit.

— Faites donc. J'ai un numéro de Siret et une affaire qui tourne. Mes financiers seront sans aucun doute très heureux de discuter avec vous des problèmes juridiques inhérents à ma profession. Bonne journée, monsieur.

— Vous entendrez parler de moi. »

La journée s'achève dans la morosité. Le courrier arrivé ces derniers jours m'accable, le manque d'activité me ronge et mon précédent refus me pose quelques soucis de pure déontologie. J'ai des remords mal placés et je me demande ce qu'ils cachent derrière leurs gros troncs rugueux et fourbes.

« Tu es en consulte ?

— Non, j'allais partir.

— Je peux entrer prendre un verre ?

— Je t'en prie. Tout va bien ?

— Mouais. »

Braun allait repasser machinalement derrière son bureau. Finalement, il interrompt sa course avec un sourire et sort par une porte dérobée pour aller chercher de quoi picoler. Derrière la porte, une pièce dans laquelle ne trônent qu'un divan et un fauteuil assorti.

« C'est quoi ? Ton lupanar ?

— Cabinet spécial.

— Pour ?

— Les cas.

— Quels cas ?

— Les cas pour lesquels la simple présence d'un bureau entre eux et moi ne suffit pas. Bière ?

— Blanche. »

Braun revient. Pourquoi tous ces types ont des noms anglais ? Pourquoi je m'appelle Dick ? Pourquoi l'autre avait appelé son chien Lord Mac Helan ? Qui sommes-nous et comment se fait-il que nous nous ennuyions autant ?

« Pose-moi des questions.

— Pardon ?

— Il faut que je dise des trucs, là, maintenant, j'ai des trucs… Il faut que tu me poses des questions, Braun.

— Holà ! Doucement, Richard. Je ne peux pas t'offrir une analyse, là, maintenant.

— Ce n'est pas une analyse que je te demande, c'est des questions.

— Et puis, je suis psychiatre.

— Et alors ?

— Eh ben, c'est presque pas la même chose. »

On partage notre première gorgée de bière ensemble. Toutefois, nous ne nous regardons plus. Chacun est à sa réponse pour que la question arrive. Comment vais-je pouvoir attaquer l'affaire ?

« Tu ne te poses jamais de questions ?

— Quel genre de questions, Dick ? Je suis payé pour répondre aux questions qu'on me pose, pas l'inverse. Tu comprends ?

— Non. Ton manque de curiosité me sidère.

— Ça n'est pas un manque de curiosité du tout.

— Si.

— Non.

— Jamais tu te demandes ce que je fabrique exactement ? Combien de gens j'ai bien pu tuer ? Combien j'en tue par jour en moyenne ? Pourquoi je fais ça ? Quand ça m'a pris ? Si j'éprouve quelque chose ? Si c'est le lucre qui m'intéresse plus que le sang ? Ou l'inverse ?

— Jamais.

— Pourquoi ?

— Parce que tu as l'air plutôt bien dans ta peau et que les gens bien dans leur peau ne me donnent pas envie de diagnostiquer.

— On cache tous des trucs.
— Assez peu.
— Tout de même.
— Tu serais déçu, Dick. Tu exerces dans un domaine particulier qui te donne à croire que tout le monde masque des vices aussi destructeurs. Mais c'est la plupart du temps une considération erronée. Les gens que je soigne s'emmerdent pour la plupart à cent sous de l'heure et c'est ça qui les flingue. »

Je finis ma bière, lui la sienne. Nous nous observons un instant pour savoir si l'un de nous a encore quelque chose à remettre sur le tapis. Alors comme nous avons fini, je sors, repasse par mon bureau et puis me sauve vers la Pelouse-de-Douet.

12

Une grande fille blonde

Elle s'appelle Sonia et n'en dit pas plus avant de s'asseoir.

S'étant assise, elle pose ses grandes mains blanches sur le bord de son genou gauche, à peine dénudé par une jupe sage qui remonte très pudiquement. Elle ne porte rien d'excessif, de sensuel, de sentimental, ni de dispendieux. Sonia est vêtue, c'est à peu près tout ce que je peux en dire. Une grande bouche. De grands yeux derrière des lunettes au tarif Sécu. Bleus sans rien d'apparent. Des anneaux très grands aux oreilles. Une voix très grave. Un mètre soixante-dix-huit au bas mot. Une trentaine d'années.

Elle n'a pas de photo sur elle.

Même pas au fond de son grand sac de femme qu'elle porte en bandoulière serré comme si les rues de notre belle ville étaient polluées de rats. Elle prend mon carnet de Post-it sur la première page duquel elle inscrit un nom, une adresse, un digicode, un étage, une date suivie d'une heure. Elle détache la note, la colle à l'index de sa main gauche. Puis sur la suivante, elle inscrit deux références correspondant à mon catalogue qu'elle n'a pourtant pas encore ouvert. Elle détache cette page aussi, la colle au majeur de sa main gauche et me tend les deux messages. Le temps d'en prendre connaissance, la grande fille blonde m'a signé un chèque, a repassé en sens inverse la porte de mon bureau et s'en est allée. Même en observant attentivement le boulevard, je ne l'aperçois nulle part.

Le 16 est un lundi.

Le 28 est un grand bâtiment abritant principalement des bureaux.

Le cours du Chapeau-Rouge descend sur les quais depuis l'angle du Grand Théâtre. Le quatrième étage est très haut si l'on considère qu'à Bordeaux, les marches sont plus larges qu'ailleurs. Le 76B09 m'ouvre la porte d'un appartement gigantesque duquel M. Simon Beltrand est visiblement absent. La référence 45/345 exige de moi que j'entre dans les lieux sans aucune arme sur moi et que j'exécute le contrat avec n'importe quel outil trouvé sur place. La référence 8/345 y affère directement puisqu'elle commande aussi que je fasse disparaître le corps par le moyen qui me paraîtra le plus approprié. En dehors de ma personne et des employés de la société d'import-export qui fait les trois-huit au rez-de-chaussée, personne ne se présente ce jour qui intéresse ma mission. Sans autre rendez-vous, je reste sur place de dix heures du matin à vingt-deux heures. Je suis capable d'une grande concentration dans d'aussi misérables situations. J'inspecte l'endroit de fond en comble à la recherche de toutes les échappatoires possibles, d'une arme probable et d'une infinité de détails aptes à me renseigner sur la teneur exacte de la tâche à accomplir. L'habitation compte huit pièces sur une étendue approximative de deux cent cinquante mètres carrés. Trois chambres, deux salons, une salle de bains, une cuisine, un bureau, un chiotte auquel se ventouse un sanibroyeur. Simon Beltrand m'apparaît dès treize heures comme un personnage n'appartenant à aucun monde possible. À treize heures trente, j'envisage de quitter l'endroit en ne laissant derrière moi qu'un message à l'usage de la grande fille blonde et/ou de ses employeurs dont je ne saisis pas bien la raison d'être. À quatorze heures, ma curiosité l'a emporté sur ma fierté et je décide de voir. À quinze heures, je tiens à ma disposition, sous un torchon, le plus grand des couteaux de cuisine qu'un accessoiriste bien intentionné a oublié nonchalamment sur la table de la cuisine. Je suis assis dans le sofa beige qui sent le cuir neuf et dont l'un des quatre pieds est encore enveloppé de film plastique. Je ne comprends rien à tout cela, je pourrais partir d'ici assez rapidement mais non. Je joue une partie de Tetris sur une GameBoy qui traînait là sur la table basse et, pendant six heures, je fais décoller des fusées plus ou moins grosses.

Personne ne se présente au quatrième étage du 28, cours du Chapeau-Rouge, ce lundi 16 juin. Je quitte l'endroit, je croise des gens qui montent et descendent les escaliers en transportant des paquets emballés de plus ou moins grande dimension qui nécessitent ou non l'aide d'un collègue. On ne me regarde que lorsque je représente un obstacle à la progression de ce travail processionnaire. Sinon, on me frôle sans s'excuser. Il fait nuit. Je rentre et dors sur la vague inquiétude que cette histoire va en déplacer une autre dont je ne veux rien savoir.

La grande fille blonde entre dans mon bureau le lendemain.

Elle paraît aussi calme que précédemment. Le calme circonspect des gens qui passent une première fois au service après-vente pour un léger problème dont la révision est comprise dans la garantie.

« Que s'est-il passé, monsieur Lapelouse ?

— Je vous retourne la question, mademoiselle.

— Vous avez échoué ?

— Notre client ne s'est pas présenté. »

La grande fille blonde m'observe un long moment comme si un bouton me poussait sur le front. Elle ouvre son sac à main, en sort une tablette de chewing-gum dont elle éventre l'emballage. Puis elle roule le petit rectangle de résidu de pétrole entre ses longs doigts et se le fourre dans la bouche. Alors elle mâche quelques minutes, tout occupée au bon fonctionnement de ses mandibules. Puis, elle me demande :

« Avez-vous l'intention de nous rembourser ?

— Qui est *nous* ?

— Les gens qui vous ont signé le chèque que vous avez encaissé vendredi et qui s'inquiètent de voir partir cet argent sans obtenir le résultat escompté.

— Vous m'avez donné un rendez-vous erroné, mademoiselle. Je n'ai pas pu honorer le contrat parce que l'homme à abattre ne s'est pas présenté à l'adresse indiquée.

— C'est dommage pour vous. Mais en ce qui concerne mes commissionnaires, vous leur êtes redevable du contrat pour lequel vous avez été rétribué.

— Hors de question. Je vais vous rendre l'argent et vous allez disparaître.

— Impossible, monsieur Lapelouse.

— Vous m'avez demandé si j'avais l'intention de vous rembourser.

— Si vous aviez répondu oui, j'aurais eu la même réponse : impossible. Vous êtes lié par un contrat que vous avez accepté.

— Je ne remettrai pas les pieds dans cet endroit.

— Pourquoi ?

— Pour des raisons qui me sont propres. »

La grande fille blonde tend la main vers mon carnet de Post-it. Elle note une date et une heure. Elle retire le billet, le colle à son index et me le tend.

« C'est inutile d'insister.

— Au contraire, monsieur Lapelouse. »

De son sac, elle extrait une enveloppe kraft de riche épaisseur.

Elle colle le billet jaune sur le dos de l'enveloppe et abandonne le paquet avant de sortir. À l'intérieur, au jugé, il doit y avoir près de quinze mille euros. Rien qui puisse me faire revenir sur ma décision. Plein de morgue, j'estime que l'on paie pour obtenir mes services mais qu'on ne m'achète pas.

13

Dans une pinède

Cet après midi-là, j'enterre un homme de quarante-cinq ans dans une forêt à quelques kilomètres derrière la Technopole Montesquieu. Après une ingestion massive de Gardénal, il s'est fatigué très rapidement. Puis il est mort pendant son transport en forêt. La pinède offre un terrain particulièrement acide dû en partie à la décomposition des aiguilles. Porté en terre sans la protection d'une boîte solide, un cadavre subit un travail de détérioration d'une qualité dix fois supérieure à celle d'un terreau classique. Il n'est pas rare qu'en l'espace de six mois seulement, toute trace du cadavre ait totalement disparu. Au demeurant, saturé de radicelles et de racines aux ramifications multiples, extrêmement friable et sec, le sol de pinède est difficile à terrasser. C'est en partie pourquoi cette option, si elle présente des avantages certains et offre une sépulture bio très en vogue, est une des plus onéreuses du catalogue.

C'est après plus de trois heures de travail que M. Brémontier disparaît à l'ombre bienfaitrice de deux mille hectares de pins. Je quitte le pare-feu pour rejoindre la route rectiligne où m'attend une camionnette de gendarmerie.

« Gendarmerie nationale, monsieur. Veuillez éteindre votre moteur, s'il vous plaît.

— Un problème, monsieur l'agent ?

— Éteignez votre moteur, je vous prie. »

J'éteins le moteur. Le type est grand et mince. Dans la camionnette, son collègue actionne la fibre internationale des fichiers informatiques à la recherche de l'historique de mes plaques minéralogiques.

« Vous avez les papiers du véhicule ?

— Voilà.

— C'est une voiture de location ?

— Bien entendu.

— Pourquoi ?

— Parce que je ne possède pas de véhicule.

— Ça n'est pas ce que je vous demande. Pourquoi "bien entendu" ? »

Bien entendu, parce que je ne prendrais pas le risque de transporter du cadavre dans une voiture m'appartenant, sombre imbécile qui ignore tout de ce qui se tapit réellement dans les trous fangeux du monde dont tu ne gardes que la grille d'entrée. Mon front perle, ma moustache aussi, quelque chose dans ce dispositif soudain de sécurité au fond des bois me trouble alors que la petite voix au mégaphone me rappelle qu'à cette heure-là, ce jour même, je devrais me trouver au quatrième étage du 28, cours du Chapeau-Rouge.

« Je ne possède pas de véhicule, je ne désire pas en posséder et lorsque j'ai besoin de me déplacer au-delà de la communauté urbaine de Bordeaux, je loue. Voilà pourquoi ce "bien entendu".

— Que faisiez-vous dans ce pare-feu ?

— J'essayais les fonctions motrices de ce 4 × 4.
— Dans quel intérêt ?
— J'essayais.
— Vous êtes journaliste à *L'Auto-Journal* ?
— Non.
— Que faisiez-vous dans ce pare-feu ?
— Les champignons ?
— Je vais répéter la question une troisième et dernière fois, monsieur Lapelouse : que faisiez-vous dans ce pare-feu ?
— J'enterrais le corps d'un homme de quarante-cinq ans à qui j'ai administré une surdose de barbituriques. Ça vous va ?
— Vous êtes médecin ?
— Non. »

L'autre collègue arrive en tenant son képi soit parce qu'il y a du vent, soit parce qu'il est trop petit, soit parce qu'il est trop grand. Il fume une cigarette, ce qui fait qu'il a les deux mains occupées, donc moins apte à maintenir son équilibre au moment de franchir la zone ensablée du pare-feu. Il se tord une cheville et tombe.

« Tu t'es fait mal ?
— Non, ça va.
— Arrête de fumer, Barjol.
— C'est une voiture de location, capitaine.
— Je sais, c'est bon. Éteins-moi cette cigarette, bordel ! On est en pleine forêt ! Va me chercher le carnet, on va dresser une contravention à monsieur. »

Barjol repart en s'époussetant le bleu. Puis il écrase sur le bitume sa cigarette à peine allumée et la fourre dans sa poche de poitrine. Le capitaine m'observe alors que j'observe son subordonné.

« Il est interdit de rouler dans les pare-feux.
— D'accord.
— Ça va vous coûter cinquante euros.
— Merde.
— Vous avez de quoi payer ?
— Je peux vous faire un chèque ?
— Si vous voulez. Rappelez-vous-en la prochaine fois que vous venez enterrer quelqu'un. »

Je fais semblant de me marrer. Lui aussi. On est bien. Le soleil passe entre les rameaux, la forêt chante de quelques coucous, pas une voiture ne passe, le bitume fond en plaques sur d'anciens nids-de-poule, ça sent bon, je signe un chèque de cinquante euros et je repars en ouvrant mes vitres et les trois premiers boutons de ma chemise. La forêt de pins cède la place aux vastes délires architecturaux de la Technopole de Martillac dont la zone s'arrête au pied des premières vignes du pessac-léognan. Je dînerai ce soir d'un club-sandwich et d'un verre de château-bouscaut 95.

14

Troisième visite

Sonia est dans mon bureau le lendemain.

Elle porte le même genre de vêtements, cette même attitude d'ex-fillette fessée, ce même regard sans fond. Rien ne semble avoir changé chez elle. Sauf peut-être sa main droite qui aujourd'hui maintient solidement une sorte de gros pistolet un peu compliqué à décrire pour quelqu'un dont ce n'est pas la passion. Toujours est-il que sa présence semble indiquer un désaccord et que ce désaccord n'a visiblement pas changé depuis sa dernière visite.

« Pourquoi ne vous êtes-vous pas présenté au domicile de Simon Beltrand hier après-midi comme nous vous l'avions demandé ?

— J'ai déjà répondu à cette question lors de notre précédente entrevue et ce, avant même que vous ne la posiez. Il est inutile de me menacer avec cette arme disproportionnée qui alourdit considérablement votre silhouette.

— Je ne comprends pas votre attitude. Nous vous avons versé la somme que vous réclamiez pour exécuter la besogne. Puis nous y avons ajouté un supplément en liquide afin de vous convaincre que la mort de Simon Beltrand était une priorité. Malgré cela, vous vous entêtez à refuser.

— La situation m'est apparue sous un angle qui est pris en compte par les conditions générales du contrat qui nous lie : la clause restrictive qui dit en substance que je me réserve le droit de ne pas mener à terme une mission si ma sécurité me paraît menacée.

— En quoi vous êtes-vous senti menacé, monsieur Lapelouse ?

— De manière concrète, avant votre intrusion de ce matin, il n'y avait rien de très précis. Mais il semble aujourd'hui que j'ai eu raison de me méfier. »

Sonia considère quelques secondes l'impression produite sur moi par l'arme qu'elle brandit avec une certaine conviction. Puis elle plonge sa main libre dans son sac et y pêche une nouvelle enveloppe de kraft à l'épaisseur de laquelle je peux juger qu'il s'agit d'un second versement équivalant au précédent.

« C'est inutile, mademoiselle. Je n'irai pas tuer cet homme. L'argent que vous mettrez dans cette affaire n'y pourra rien. C'est un discount ici, pas une banque suisse. Pourquoi n'allez-vous pas trouver quelqu'un de moins scrupuleux ? Je peux vous donner des noms sur Marseille, des types qui travaillent très bien, avec toutes sortes d'outils, du chef-d'œuvre. »

Elle est partie, elle a laissé l'enveloppe et un Post-it. Mardi prochain à dix-huit heures.

Je traverse le bureau, ouvre le coffre que dissimule la reproduction de mon second Lichtenstein nommé *Hopeless* sur lequel une blonde en larmes pense douloureusement *« That's the way it should have begun ! But it's hopeless. »* La seconde enveloppe rejoint la première. Je referme le tout et reprends ma position de commerçant qui patiente entre deux clients.

15

La technique Manchette

« Je veux qu'il souffre !

— C'est impossible.

— Comment ça ?

— Je ne torture pas mes contrats, madame Klein.

— Mais je vous paierai pour ça aussi.

— Ça n'a pas de rapport. J'exécute, je fais disparaître, je raye des cartes, c'est déjà bien suffisant. Je fais ça le plus rapidement possible pour que ça ne soit pénible pour personne.

— Mais alors, à quoi ça sert, s'il ne souffre pas ?

— C'est la même question que se posent les familles de victimes qui tiennent à assister à la mise à mort des assassins américains : à quoi ça sert ? À quoi ça sert que vous soyez venue jusqu'ici, aujourd'hui, madame Klein ? Vous êtes vous posé cette question ?

— Je suis venue parce que j'ai trouvé votre prospectus.

— Que disait mon prospectus ?

— Travail de qualité, discrétion, prix défiant toute concurrence.

— Torture ?

— Non…

— Voilà.

— Mais votre catalogue. Ces propositions, ce truc à la Rembrandt ?

— De la dissuasion pour les moins persuadés d'entre vous. Vous savez ce que signifie tuer quelqu'un ? Même à distance ? »

Mme Klein me regarde.

Oui, je vois au centre de ses pupilles que l'homme qu'elle va me demander de tuer mérite sa colère, sa haine et l'envie qu'elle éprouve de ne plus se réveiller le matin en sachant qu'il respire si près d'elle.

« Je ne peux rien faire de mieux pour vous, madame Klein, que de tuer cet homme selon les méthodes qui sont présentées au public dans ce catalogue. Je peux assortir l'acte de diverses manœuvres qui permettront de la personnaliser un petit peu mais jamais, madame Klein, jamais il ne vous sera possible d'imaginer une seule seconde que cet homme aura souffert autant que vous. »

Mme Klein pleure un peu, puis se penche sur le catalogue, me pose des questions techniques dont chacune des réponses semble la décevoir par son manque d'envergure. Elle hésite. L'homme, me dit-elle, vit au bord d'un étang. Il passe son temps à pêcher. Peut-être pourrais-je faire en sorte qu'il ait peur une dernière fois, avant de finir bouffé par les poissons qui lui auront échappé.

M. Klein vit dans une baraque de planches à quelques encablures de la commune du Barp.

C'est un homme sec et plutôt élégant. Il confectionne son matériel de pêche avec une certaine dextérité si j'en juge par les cannes et les lignes qu'il me présente avec fierté.

« J'ai que ça à branler alors forcément, ça me donne un certain talent.

— Et vous attrapez quoi ?

— Rien. J'ai pas le coup de main. Je sais juste construire ces machins, c'est tout.

— Ah !

— C'est ma femme qui vous envoie ?

— Pourquoi vous demandez ça ?

— C'est pour la pension, je sais, c'était pas la peine de vous déguiser en tueur à gages pour me filer la trouille, ça marche pas.

— Vous trouvez que j'ai une dégaine de tueur à gages ?

— Pour ce que je sais de ces gus-là, oui, je trouve que vous avez une dégaine de tueur à gages.

— Merde alors ! »

M. Klein se marre. Moi aussi. L'endroit est agréable, nous sommes sous un vaste catalpa qui nous abrite de la chaleur, nous sirotons des verres de Tavel frais, la conversation est badine, sympathique et sans grande portée.

« Bon, écoutez Lapelouse ! Dites à ma femme que je vais lui filer sa pension, que c'est pas la peine qu'elle m'envoie un type comme vous pour faire le sale boulot parce que ça marchera pas. Regardez ! Vous êtes un gars sympathique, je suis un gars sympathique, on a l'air de bien s'entendre, à quoi ça sert qu'elle dépense tout cet argent pour rien ?

— Peut-être qu'elle a vraiment envie que les choses se passent comme ça.

— Quoi ? Vous voulez dire en m'envoyant un type

pour m'impressionner calmement ? Faire pression, par exemple ?

— Non, je ne parle pas de ça, monsieur Klein.

— Ah, bon, vous m'avez fait peur. Parce que si vous êtes là pour faire pression, je crois que ma Martine, elle se l'est bien carré dans l'oignon, son protecteur. C'est vrai, Lapelouse, rien de personnel là-dedans – je vous ai pas vu en slip – mais pour me faire peur, va falloir vous lever un peu le cul quand même. Hein ? Vous êtes pas de mon avis ?

— J'y travaille.

— À quoi ?

— À me rendre un peu plus impressionnant.

— Ah ah ! Vous devriez pas, Lapelouse ! Les vrais salopards ont des gueules d'anges, et c'est ça leur principal talent.

— Vous trouvez que j'ai une gueule d'ange ?

— Non, je vous ai dit : vous avez une gueule de tueur à gages. »

Dans l'étude sur l'engagement manqué de Jean-Patrick Manchette que je potasse en ce moment, l'auteur se demande pourquoi dans *Le Petit Bleu de la côte Ouest*, l'un des types chargés de tuer Gerfaut tente sa chance en maintenant la tête de sa victime sous l'eau tout en l'étranglant avec l'autre main.

La réponse est très simple.

Soumis à un manque d'air prolongé, l'organisme abandonne tout esprit logique et ne s'en remet qu'à ses réflexes de survie. Maintenez quelques instants seulement un individu sous l'eau tout en lui pressurant la gorge puis relâchez la main qui l'étrangle. Ainsi libéré, le cerveau va commander un ravitaillement immédiat en oxygène, les poumons vont aspirer à plein régime oubliant totalement que le sujet est plongé dans l'eau. La noyade est instantanée. Il est toutefois conseillé, pour un confort de manœuvre, de ne pas opérer en milieu marin, la saturation en sel de l'eau pouvant provoquer un rejet réflexe risquant de rendre l'individu incontrôlable.

M. Klein n'oppose plus aucune résistance.

Lesté, il s'enfonce dans l'eau de l'étang où guettent les anguilles et les écrevisses. Nous sommes mardi, il est dix-neuf heures, je rentre sur Bordeaux malgré le soleil et la température.

16

Garage

Je reste derrière mon bureau toute une partie de la journée du mercredi.

Je ne suis pas malade, je ne suis pas fatigué, je serais même tout à fait disposé à engager mon corps dans un exercice fatigant mais je suis là, immobile, et j'attends que la grande fille blonde et son pistolet fassent leur entrée. Or, personne ne vient et lorsque dix-huit heures sonnent, soit vingt-quatre heures de retard sur le contrat demandé, personne n'est venu. Qu'un petit vieux aux relents de pastis qui m'a demandé une chose toute bête : aller faire très peur à un gamin de son quartier qui refuse de remettre un pot d'échappement à sa mobylette sous le fallacieux prétexte qu'il a passé tout un samedi avec son grand frère à démonter le sien.

Depuis quinze minutes, je suis assis sur le trottoir de la Cité des Arts, à Pessac, à me demander où ce type veut en venir exactement avec sa thèse sur Jean-Patrick Manchette, quand un 103 SP surélevé tourne le coin de la rue. Le bruit est époustouflant, l'équivalent enviable d'une demi-douzaine de tondeuses endimanchées. Perché tout en haut, le gamin a l'air d'une vigie contente d'apercevoir la Terre. Quand il décompresse les gaz, l'engin s'incline dangereusement et le pilote dégringole plus qu'il ne descend. Je le laisse atteindre son garage, pousser sa mob au stand et je me lève en soupirant sur la jeunesse qui bouge mais ne change pas alors qu'il y aurait tant de révolutions à mettre en branle. Mais la révolution nécessite de se priver à court terme d'une future GTI avec becquet arrière, alors… Il a dans les seize ou dix-sept ans, le mètre quatre-vingts passé, soixante kilos avec des bottes en plomb et une bonne tête de numéro d'écrou. Je voudrais bien qu'il craigne pour sa vie rien qu'en m'apercevant, mais il n'est même pas surpris en se retournant de me trouver dans son dos.

« C'est vous, Lapelouse ?

— Ouais.

— Vous tombez bien, j'allais sortir. »

Le gamin sort et trois types rentrent.

On ferme la porte du garage et on me regarde un temps pour jauger le potentiel de résistance. Alors comme ma carcasse ne semble pas émouvoir, on lui rentre dedans avec tout ce qu'on peut rassembler de muscles et de rage propre et noueuse. Ça souffle, ça transpire, ça frappe dans les os qui affleurent, ça dérape dans les organes, ça assourdit, estourbit, ça talonne, latte, défonce, dégrossit, diminue, reprend, se pose, se remplace, se soutient, s'encourage, ça dure cinq, dix, quinze, vingt minutes et puis des années, des siècles de lessiveuse, un gigantesque Lavomatic industriel plein de parpaings ; j'ai l'impression d'aller cogner dans les murs mais les murs sont mobiles et me percutent plus vite que je ne pourrais jamais courir.

Et puis vlan ! Terminé.

On décide que j'ai assez ramassé et on coupe le général, on m'éteint.

17

Hôpital

C'est une assez belle pièce pour l'autoapitoiement. Blanche, tachetée de bleu, un petit poste de télé perché dans l'angle pour regarder TF1, une fenêtre fermée qui donne sur un toit en gravier et un voisin que la femme exténuée vient visiter huit heures chaque jour, et qui ronfle la nuit. Le médecin passe régulièrement pour commenter mon état de santé, siffler entre ses dents quand il regarde les courbes dont il oublie systématiquement tout, et me promettre une sortie dans un avenir imprécis. Si j'avais plus de côtes en meilleur état je me sauverais en rampant. Mais rien n'est envisageable pour l'instant quand respirer est au moins aussi atroce que de se mordre la langue toutes les cinq secondes. Personne ne sait que je suis là. Je pourrais crever ici sans voir une tête connue, dans mon quartier, à deux pas de chez moi. Ma réduction. Une semaine de ce traitement et ceux qui m'ont infligé ça auront gagné leur pari. Je m'étiole lentement par tranches de huit heures en écoutant la femme de mon voisin raconter l'infinie tristesse des vies sans passions où il est d'abord important de tout craindre, de ne croire en personne, de se méfier de tous, d'épargner pour la mort, de s'attacher aux apparences, de se confier aux puissants, d'ignorer l'étranger, de suivre les meneurs, d'écouter le plus grand nombre, de ne troubler le sommeil de personne, de dormir en paix, de crever en humble, de travailler d'abord, de boire la vie des stars, d'avoir le même manteau que la voisine mais pour moins cher et de faire la queue, toujours faire la queue, sans rien dire, pour dépenser de l'argent, pour avoir de l'argent, pour tirer de l'argent, pour faire de l'argent, pour être de l'argent. N'être rien, jamais, le plus longtemps possible, pendant quatre-vingts courtes années tant qu'à faire, des fois qu'un jour des géants venus d'on ne sait où viennent à régner sur la Terre et ratiboisent tout ce qui dépasse. Pauvre humanité, recluse dans du 36 fillette, courant à la niche quand s'éteint la lumière. Pourquoi les gens refusent d'être intelligents ? Pourquoi les gens refusent d'écouter ceux qui voudraient leur montrer que chacun possède ses propres richesses ? Pourquoi les gens sont grégaires ? Pourquoi les gens aiment la masse qui les cache ? Pourquoi les gens ne sont rien ? Pourquoi les gens ne sont que les gens ? Pourquoi les gens acceptent d'être les gens ? Pourquoi les gens ne se rendent pas compte ? Elle lui annonce qu'ils ont enfin fini de payer les traites de la voiture. Qu'ils vont pouvoir acheter le salon et que ça tombe bien parce que c'est justement les soldes et que sa belle-sœur qui travaille à la Cofinoga lui a dit qu'ils faisaient des crédits à taux record ces temps-ci. Il est content. Il est d'accord pour le marron à la condition qu'on change aussi le meuble pour la télévision, il veut un machin avec des portes et un bar juste en dessous, ça fait des années qu'il en rêve, comme chez les Sagardoy. Et à midi, ils mangent en rêvant qu'eux aussi, un jour, ils iront à la télé, essayer de gagner huit jours de pause de l'autre côté de la terre. Ces gens ont-ils déjà eu des illusions ? Un semblant d'utopie ? Ou bien sortent-ils d'une chaîne de montage, un truc sous tôle ondulée qui produit en masse, quelque part dans une zone industrielle, des fagots de bois mort, à prise rapide, du carburant pour que la planète ne s'arrête pas de produire. Suis-je dans le processus ? À côté ? Meilleur ? Pire parce que je m'en sors ?

Laisse faire, Dick, et prends-toi à rêver qu'à ta façon, tu améliores leurs petits à-côtés. Juger du monde en tueur, c'est déjà un progrès.

18

On m'a cambriolé

« Salut, Dick ! Où t'étais passé pendant tout ce temps… Merde ! Qu'est-ce qui y a eu ici ! »

Drowning Girl n'a pas été déplacé du mur. *Hopeless* est à terre. Le coffre qu'il masquait est ouvert et vide. Le reste est à l'avenant. Tiroirs renversés, paperasses jetées en l'air comme des poignées de confettis, livres arrachés, ordinateur fracassé plusieurs fois, meubles réduits à l'état de matière première, caméra pilonnée, bandes vidéo fondues. On m'a laissé une chaise en état de marche pour m'asseoir et profiter de la nature morte. Un humour d'huissier.

« Salut, Braun. J'étais à l'hôpital. On m'a cambriolé.

— Il te manque des trucs ?

— Deux.

— Je n'ai rien entendu.

— Je n'en doute pas.

— J'aurais prévenu les flics. Ils ont fait ça la nuit.

— Sûrement.

— Viens dans mon bureau, je te paie un verre, tu as l'air d'un toxico.

— Je n'ai pas envie de rigoler, Braun.

— Je n'ai pas envie de te faire rire non plus. »

J'attends.

Je m'assieds là, parmi mes ruines et je me mets à attendre. La grande fille blonde ou n'importe quel autre messager qui viendra m'expliquer pourquoi j'ai été un vilain garçon et combien de temps va durer ma punition, en quoi elle va consister, le mode d'emploi à respecter pour que de telles choses ne se reproduisent pas. J'ai mon Walter bien au chaud contre ma jambe, une balle dans la culasse et l'accointance politique de l'arme ne me pose aujourd'hui aucun problème de conscience. Comme un bon poujadiste de base, je suis froidement déterminé à ne me pas laisser démonter mon petit commerce pour de vulgaires histoires de résistance à la connerie. Je suis un type en Téflon, rien ne colle à mes parois, je résiste à la chaleur et je cuis ce qui me touche. Le téléphone sonne quelque part sous une pile de merde. Je décroche à la quatorzième sonnerie après avoir suivi le câble jusqu'à sa source.

« Dick, comment allez-vous ?

— Très bien, James. Et vous-même ?

— Parfaitement bien. Comme un homme qui croque dans la vie et se réjouit de l'instant présent.

— J'en suis heureux pour vous. Que me vaut le plaisir ?

— Rien de précis. Je me tenais au courant de nos affaires.

— Les vôtres, James, je ne sais pas. Les miennes connaissent une floraison sans pareil. Il semblerait que la saison soit propice au dégraissage.

— C'est parfait, c'est parfait. Aucune difficulté ?

— Pas la moindre.

— Bien.

— N'est-ce pas ?

— Dites-moi…

— Je vous écoute.

— Je pensais…

— Oui, James ?

— Vous m'aviez parlé d'une extension sur le réseau Internet. Je suppose que c'est toujours d'actualité.

— Dans un avenir proche, sans aucun doute, James.

— Je me permets de vous le rappeler parce qu'après tout, nous tenons là une affaire commerciale qui ne demande qu'à prospérer, et ce serait dommage de ne pas profiter pleinement de la saison dont vous me parliez plus avant.

— Certainement.

— Vous ne refusez pas d'affaires, au moins ?

— Comment ça ?

— Je ne sais pas, je me mets à votre place, les contrats rentrent, vous voilà débordé – ou tout simplement satisfait de ce que vous avez, attention, je ne juge pas, hein ? – et vous devenez un peu plus regardant sur la marchandise, des choses comme ça, vous comprenez ?

— Non, je ne comprends pas, James.

— Nous avons investi dans un discount, monsieur Lapelouse. Je ne fais que vous le rappeler, c'est tout, ne vous mettez pas martel en tête.

— Cessez de dire “nous”, James. J'ai pris un crédit chez vous pour monter cette affaire et je rembourse ce crédit avec la plus grande rigueur, chaque mois. Cela fait de vous mon débiteur, mon créancier, à la limite, mais certainement pas mon actionnaire majoritaire.

— Je n'y songeais même pas, monsieur Lapelouse.

— C'est bien ainsi que je l'entendais. Maintenant je vous laisse, j'ai un client qui vient d'entrer.

— Oh ! Pardonnez-moi, j'ai abusé de votre temps. Travaillez bien, Dick. Et choyez-moi ces gens, hein ? »

C'est une petite vieille.

Une souffrance sur pattes. Bon sang, comment peut-on vivre si vieux et si mal ? Elle ne voit rien, sans doute s'est-elle même trompée d'adresse. Elle soupire beaucoup, nous ne sommes équipés ici que d'escaliers à grimper, point de mécanique dans la maison. Elle enjambe la casse sans plus ciller que s'il s'était agi de tas de bourrier, puis, sans jamais me quitter des yeux, elle vient vers moi. Ses yeux sont tristes, mais je la sens arrivée à destination. Je ramasse la chaise des clients, la pose à côté d'elle et la fais s'asseoir. Elle a mis de l'eau de Cologne pour masquer l'odeur qui s'échappe en bouffées quand elle se plie pour prendre place. La chaise ne blêmit pas, je défaille, que peut-on venir me réclamer à cet âge ?

« Mon mari est mort, mon bon monsieur.

— J'en suis navré.

— Où êtes-vous ? Enfin, vous ne pouvez pas tenir en place ? Vous traitez vos clients toujours comme ça ?

— Excusez-moi, madame, mais il y a eu des travaux et je cherche un siège pour que nous puissions continuer cette conversation.

— Faites, mon garçon. Je vous attends. De toute façon… »

Mon siège dont j'étais si fier pend là sur son trépied à roulettes comme un soldat garrotté. Pourquoi ? Et puis pourquoi les bris matériels nous rendent-ils si tristes alors que nous avons des assurances pour les dommages unilatéraux. Je n'étais même pas là-dedans depuis deux mois. Que de sentimentalisme ! Une pile de livres fera l'affaire et je m'assois à distance respectable de la dame, m'étant équipé au passage d'un bloc vierge et d'un crayon à mine ronde.

« Je suis à vous.

— Mon mari est mort, vous disais-je. Il était encore vivant hier soir, je peux le prouver, j'ai un alibi, ma belle-fille est venue dîner et elle est rentrée tard.

— Bon, bien. Et ?

— Comment ça, et ?

— Vous voulez du café ?

— Et alors, il est mort, là, tout seul pendant la nuit, voilà. »

Un silence respectueux retombe parmi nous, qui dure, inutile et sinueux sans que j'aie envie un seul instant d'y mettre fin. Je resterai là au centre du gourbi avec cette vieille pour veiller sur moi, je me lèverai une fois de temps en temps pour faire la poussière sur mes Lichtenstein, il n'y a qu'eux que je refuse de voir s'abîmer.

« Alors vous comptez faire quoi ?

— Je vous demande pardon ?

— Vous comptez faire quoi pour m'aider ?

— Vous aider dans quelle entreprise, madame ?

— Eh bien, pour mon mari puisque je vous dis qu'il est mort sans que j'aie rien fait pour cela et que même si j'ai un bon alibi, on sait ce que ça vaut devant les tribunaux.

— Je ne saisis pas tout à fait l'étendue de votre demande. Excusez-moi, je suis un peu fatigué, j'ai eu quelques problèmes…

— Parce que je ne sais pas ce que c'est, moi, que d'avoir des problèmes ? Enfin, c'est quand même pas moi qui suis venue vous débusquer comme ça en cherchant votre nom dans le Bottin ! Je savais même pas que ça existait, votre affaire. C'est mon mari qui remonte du courrier l'autre jour et il râlait, si vous l'aviez entendu comme il râlait. Et il râlait après quoi, je vous le demande ? Après les prospectus. Parce qu'il disait toujours cette chose, mon mari – et là-dessus, j'étais bien d'accord quand même – c'est qu'on sait quand même tous bien quelque chose qu'est vrai : quand y a la publicité à la télévision, qu'est-ce qu'on fait ? On va aux cabinets que c'est presque la course pour être le premier. Quand y a des prospectus dans la boîte aux lettres, qu'est-ce qu'on fait ? On les fout à la poubelle, c'est même pas bon pour faire du feu, ça prend pas, ou alors ça fait de la flamme bleue et ça sent pas bon. Et tout ça, ça coûte la peau du cul pour des nèfles puisque tout le monde va aux cabinets et fout à la poubelle. Alors à quoi ça sert ?

— Peut-être à occuper celui qu'attend son tour aux toilettes.

— Eh ben mon mari, c'est exactement ce qu'il a fait, figurez-vous. Il a lu la publicité pour la première fois depuis que ça existe et il est tombé sur votre machin en papier recyclable pendant que je faisais pipi et il m'a lu ça à travers la porte et puis on l'a foutu à la poubelle en se disant que quand même, c'était pas croyable les trucs qu'on faisait maintenant pour gagner de l'argent. »

Qu'est-ce qu'on répond à ça ?

J'aurais bien le réflexe du catalogue mais je ne sais même pas où il se terre. Reste à encourager le moulin à paroles à se remettre en vent par une petite poussette syntaxique très commerciale :

« Eh oui, mais vous savez les temps sont durs.

— Mon mari est mort cette nuit et juste avant qu'il meure, il y a eu une dispute.

— Avec qui ?

— Moi.

— Méchante, la dispute ?

— Rien, des reproches quoi, un truc de femme qui me chiffonnait, qui fallait que je lui dise. Alors bon, on s'est fâchés et puis ça a dit des choses pas très amoureuses. Bon voilà. Après il est mort.

— Vous l'avez tué ?

— Pas vraiment.

— Vous avez appelé les pompiers ?

— Ils vont pas croire ce que j'ai à leur dire. Il faut que mon mari sorte de là où il est et qu'on le retrouve ailleurs que chez nous. Voilà tout ce que je possède, monsieur Lapelouse, je n'ai rien d'autre. Si vous ne pratiquez pas de forfait kilométrique, alors foutez-moi ce salopard au bout de la rue s'il faut, mais je ne veux pas être accusée d'avoir estourbi ce satané fils de salope, vous m'entendez ? »

Dans le petit poing serré de cette grand-mère, il y avait des billets de dix, de vingt, de cinquante et de cent… francs.

19

Trois semaines

J'ai passé les trois semaines suivantes à ne pas me demander lequel des trois précédents intervenants était le messager. Je me suis enfermé pour panser mes plaies dans mon appartement de la Pelouse-de-Douet et me suis repris de passion pour mes blondes de Lichtenstein qui pleurent à chaudes larmes sur les quatre murs du salon.

Je voulais réfléchir à tout ça.

Un peu au moins, sans creuser bien loin de peur d'y trouver un petit être malingre et moqueur, sorte d'homoncule à mon image, riant de me voir si dépourvu, moi le fier-à-bras, l'homme sans arme qui trucide le contrevenant de mes contemporains moyennant rétribution calculée sur le quotient familial.

J'avais sans doute peur aussi et seulement. J'avais pris des peignées dans ma vie, quelques-unes m'avaient physiquement bien plus anéanti que celle-ci et il m'était même arrivé par deux fois de stopper des balles d'un calibre apte à me déposer sur la céramique fraîche d'un institut médicolégal. Mais là, quelque chose m'échappait tellement que si c'était le climax d'un scénario, alors l'histoire était bien montée et la mayonnaise prenait plutôt bien. Je n'aimais pas ça. Je me sentais brusquement comme le héros d'un roman sombre dont le narrateur parlerait à la troisième personne, présage d'une mort possible, menace diffuse de la conjugaison appliquée à la vie réelle qui se précise avec l'utilisation d'un imparfait proportionnel aux risques encourus. Est-ce que je courais des risques ? Des centaines. Tuer un homme comporte une série tout à fait exhaustive de risques. Les connaître, ce n'est pas les éliminer, seulement les limiter dans l'espace comme on s'écarte au préalable d'une gorge qu'on va trancher pour ne pas tacher ses chaussures.

Et quoi ? J'étais un tueur à rançon. Voilà le risque. Créer l'opportunité, c'est aussi ouvrir un marché, et le marché de la viande froide induit certainement des comportements plus sauvages qu'aucune autre économie. Aurais-je un concurrent qui s'était installé entre la Victoire et la Barrière de Pessac, avide de prendre les parts, toutes les parts de l'énorme gâteau fourré sur génoise à la misère humaine ? Devrais-je à mon tour prendre les armes et faire démonstration de ma capacité de frappe ? Pourquoi fallait-il toujours que l'homme se comportât en animal une partie de sa vie, quand la journée, il dépensait une énergie folle à s'écarter de la bête ? Finalement, je ne savais rien de la noirceur des âmes. Comme tout un chacun, je découvrais au jour le jour combien il est difficile, exigeant et fastidieux de croire en l'humain plus qu'en sa matière fécale. C'était dur, de s'avouer vaincu en cours de route, mais parfois baisser les bras servait au moins à détendre les muscles les plus utiles.

Je me couchais tard, m'endormais devant des films

magnifiques, me levais tôt, mangeais équilibré, faisais un ménage régulier de ceux qui ne suscitent que peu de mouvements et pas de produits polluants et, les douleurs intercostales allant décroissant, j'accordais au jardin quelques coups de binette dans le vague projet de préparer la terre à recevoir et choyer un plan de tomates cerises. Je pouvais aimer la réclusion. J'y avais songé au cours des années écoulées puisque, à part les balles de l'ennemi, c'était la principale menace à ma liberté. En gros, j'envisageais ça comme du temps gagné et la possibilité de le mettre à profit pour ingurgiter le massif alpin de littérature que j'avais en retard.

Tout allait mieux pour moi et quand le doute revenait, j'arrivais à le noyer en me perdant dans mes blondes murales et mes livres les plus lourds. Et puis Montalbán est mort, un vendredi, foudroyé par une crise cardiaque à l'aéroport de Bangkok. J'ai songé au *Tatouage* dans lequel il disait *« un voyage devrait toujours aboutir à une femme surprenante, à une fin heureuse – terminus, le plaisir ».* Nos terminus nous frappaient de plein fouet ou alors le chauffeur appuyait trop fort sur la pédale du frein, mais on finissait toujours la gueule dans le décor en priant pour que le choc nous anéantisse avant que ne débarque la douleur. J'avais horreur de ça, mais il me fallait voir les choses en face. Le retour à une vie normale, passée à travailler en songeant à la retraite, était maintenant la seule issue potable pour me sortir de ces zigzags d'humeurs maussades et de félicités. Alors j'ai nettoyé mon Walter du bout des doigts, parce qu'une arme qui ne sert pas s'enraye, et j'ai repris le chemin du bureau et de son gâchis en me disant que, dans la semaine, je dépenserais du temps à trouver une secrétaire pour occuper la pièce de l'entrée et filtrer les importuns pendant que je fumerais dans mon bureau des cigarettes trop chères qui tuent trop lentement et peu sûrement.

Et puis qu'y a-t-il de moins perspicace qu'un tueur à honoraires qui pleurniche sur sa pauvre petite situation ?

Allez ! L'ennemi – si ennemi il y avait en cette ville si paisible, confite dans l'assurance que la richesse viticole lui survivrait ou qu'un beau jour peut-être, la traite des Noirs viendrait à nouveau faire fleurir les richesses complémentaires du port autonome – n'avait qu'à numéroter ses abattis. J'avais trois semaines sabbatiques dans les biscoteaux et elles m'avaient laissé des fourmillements dans les membres supérieurs. Je ne demandais qu'à en démordre. Fallait-il que je hurle pour être servi ?

20

Début d'un retour à l'anormal

J'entre dans la salle d'attente du Dr Braun.

Je prends place. C'est un demi-couloir aménagé comme ça parce que le Dr Braun est un docteur et que la consultation nécessite une salle d'attente. Et sans doute l'endroit n'avait-il pas de salle d'attente à l'origine. Dont acte. Me voici assis dans la salle d'attente du Dr Braun, qui est un demi-couloir, si bien qu'en voulant croiser les jambes pour feuilleter un hebdomadaire narrant les déperditions sentimentales des vedettes du mois, je marque le mur d'en face de mon empreinte de pied. Mince ! Et le Dr Braun apparaît à ce moment-là.

« Oui, je sais, il faudrait que je gagne un peu sur mon bureau. Mais finalement, je trouve que cet endroit est une bonne mise en condition pour mes patients. Non ? Je ne me souviens pas si on se disait vous ou tu. Tu allez bien ?

— Je suis moyennement d'humeur, si tu me permets.

— Ah ! Entre alors.

— Non. On va faire ça ici.

— Je peux m'asseoir ?

— Tu n'as pas entendu quand on m'a pulvérisé le bureau, il y a trois semaines de ça. Là, je présume que tu n'as rien vu de l'entreprise de travaux publics qui est passée tout reconstruire, hein ? »

Braun me considère comme il doit considérer la plupart de ses patients : d'un œil médical qui enregistre le comportement, en fait une jolie vignette autocollante qui vient se déposer immédiatement à côté de la définition de la pathologie rencontrée. J'entre aujourd'hui mon dossier médical dans la pathothèque du Dr Braun.

« Je n'ai pas ton numéro de téléphone, Richard. Sinon, figure-toi que je me serais empressé de t'appeler pour me plaindre du bordel qu'ont fait tes ouvriers cinq jours d'affilée. Ces connards ont rayé les murs du couloir, il y a trois éclats à la porte d'entrée et si je n'avais pas insisté en brandissant la menace du syndic de copropriété, ils se cassaient en laissant quatre mètres cinquante de rampe en vrac. Si j'avais eu ton numéro perso, oui, tu aurais entendu parler de tes ouvriers.

— Ce ne sont pas mes ouvriers.

— Ça n'est pas non plus mon problème.

— Bon, excuse-moi.

— Je t'en prie. Tu étais où ?

— Chez moi.

— Tu vas mieux ?

— Montalbán est mort à Bangkok hier. Tu t'en fous toi, tu savais pas qui c'était, t'as du bol, il te manquera pas.

— *Tatouage* a été mon livre de chevet pendant toute une année ratée en santé publique à Amiens. "*La fille dorée avait plongé du pédalo et l'homme olivâtre et chauve nagea avec énergie pour se rapprocher d'elle, la voir émerger de la surface, surprendre le brillant de sa chair humide éclaboussée d'eau de mer et de soleil."* Je n'avais pas un rond pour autre chose qu'un sandwich et demi par jour. Je l'ai lu trente fois en dix mois.

— Pardon.

— Ce n'est pas grave. Tu es un homme d'activité, Dick. Le repos te mine. Tu ne devrais jamais t'arrêter, ça te rend désagréable. »

La porte de la salle d'attente s'ouvre sur une jeune femme effrayée de nous trouver aussi nombreux dans sa caisse. On dirait un chat malade. Elle est jolie mais elle est effrayée. Je la croise dans l'entrée en biseau et fais semblant de ne pas l'observer en saluant Braun et en lui promettant de l'inviter à boire quelque chose après le travail. Elle sent la poire. Pas de ces fragrances qu'on trouve en concentrés infectes chez les vendeurs de produits naturels en vapo. C'est beaucoup plus diffus que ça. Comme si ça sortait de sa peau, par une sueur qui s'écoule des abus. Elle est petite, portable, une vingtaine presque trentenaire, et puis elle devrait manger plus, ne serait-ce que pour éviter qu'en la bousculant à peine, un type comme moi ne la fende contre le chambranle de la porte.

« Excusez-moi.

— Je vous en prie.

— Par ici, mademoiselle Pontet, je vous prie. »

Braun tend son bras au bout duquel une main montre impatiemment où se situe la direction que Mlle Pontet doit suivre si elle veut guérir. Mais Mlle Pontet n'arrive pas à se décrocher de moi m'en allant et je sens dans mon dos son regard étonné ou apeuré ou assombri ou cruel ou envieux ou...

« Mademoiselle Pontet, s'il vous plaît. J'ai d'autres patients après vous.

— Cet homme en est un… ?

— Un quoi ?

— C'est votre patient précédent ?

— Je ne dévoile pas ce genre d'information, mademoiselle Pontet.

— Comme il est beau. Et fort. Quel bel enfant il a dû être. Vous le connaissez ?

— Mademoiselle Pontet, s'il vous plaît. Entrez. »

21

Le connard de trop

J'entre pour la seconde fois ce jour dans mon bureau où tout est neuf pour la seconde fois, là encore. Autant j'aimais cette odeur de nouveauté lorsque j'en avais moi-même négocié les teintes avec mon interne décorateur d'intérieur, autant cette réfection-ci me donne encore plus la nausée que le démontage d'il y a trois semaines. Tout est pourtant à sa même place. À l'identique. Comme si on avait pris des photos avant de tout casser, cloné en laboratoire et repositionné selon les logiques cinématographiques du raccord. C'est d'une perfection qui se passe de commentaire mais non de réflexion.

Pourquoi ?

Et dans quel but ?

Pour m'impressionner. Pour me faire douter.

Pour me mettre mal à l'aise.

Pour me faire éprouver une batterie de sensations dont je me suis toujours préservé. Sûrement n'aurais-je pas dû. C'est mauvais, de tomber de cette hauteur quand on a passé l'âge. Comme Montalbán a dû penser quand son bras droit s'est raidi brutalement dans le terminal de Bangkok. On devrait toujours s'entraîner, même en se cachant.

Surveillé.

Voilà ce que j'ai été pendant trois semaines à la Pelouse-de-Douet. Je pouvais bouger, sortir, débarquer à tout moment au bureau et tomber sur les ouvriers turbulents. Quelqu'un faisait donc forcément le lien entre mes deux domiciles pour que l'équipe travaille à son aise.

« Ça vous plaît ? On a travaillé d'après photo. »

Je ne l'ai pas encore rencontré, celui-ci, mais immédiatement, avec vingt ans de plus, il m'évoque l'avenir de James. Vieux beau, chevelure grise flottante, magnifiquement vêtu avec des rayures discrètes et irrégulières et des souliers vernis. Une pose impeccable et des gestes manucurés. Un sourire de galeriste, absent, rouillé, rigide, masquant mal le dégoût du commun. Un type inquiétant dans sa représentation d'un potentiel inconnu mais certainement dangereux. Je ne manque pas de ressources dans ce genre de cas et les solutions qui s'offrent à moi pour envisager cette visite sont légion. Je réagis vite aussi. L'accueil commerçant est toujours important dans les relations entre offre et demande.

« Installez-vous, je vous en prie. »

Ça ne manque pas, le type se décontenance l'espace de trois secondes.

Soudain, il ne sait plus quoi faire de sa panoplie d'effets. Il avait profité de mon dos tourné pour prendre une belle posture dans l'entrée, quelque chose d'un peu décontracté dans la jambe gauche, une vague mollesse dans le bras droit posé nonchalamment sur la hanche, mais là, que doit-il faire de tout ça maintenant que je lui propose un siège pour que nous parlions plutôt que de lui sauter dessus ?

Le trouble perdure donc trois secondes, puis l'homme aux cheveux gris traverse l'espace et prend place dans la copie du siège de client pendant qu'à mon tour, je tente de m'asseoir avec bonhomie dans celle du siège du tueur à gages ayant ouvert un discount sur le boulevard du Président-Wilson.

« Alors, dites-moi. Que puis-je faire pour vous ?

— Je peux fumer ?

— Je vous en prie. »

La cigarette est un accessoire valable en toute situation. Elle habille, drape, maquille et déguise derechef la plus perdue des attitudes. Allumez une cigarette quand une femme vous quitte et c'est elle qui partira en pleurant. J'offre le feu. Le type tire quelques bouffées comme s'il s'agissait d'un Cohiba puis me regarde à travers la fumée qui se dissipe.

« Parfait. Et après cet épisode très bien interprété, que dois-je attendre de la suite ?

— Vous êtes très doué dans votre partie, monsieur Lapelouse mais en ce qui me concerne, votre petit jeu ne m'amusera pas longtemps. Je suis employé par une personne qui vous a confié une importante somme d'argent afin que vous accomplissiez la tâche qu'elle vous avait commandée. La tâche n'a pas été accomplie mais vous semblez avoir dépensé l'argent avec un goût immodéré pour le luxe. »

Il désigne d'un roulement du bras le décor qu'il avouait quelques secondes plus tôt avoir commandé sur photo. Talentueux personnage.

J'avoue pour ma part manquer considérablement de discernement quand il s'agit de casser la gueule à quelqu'un. Principalement quand ce quelqu'un a franchi l'espace de ma bulle sociale dans l'idée de m'y venir narguer. Et puis la plupart du temps, le cassage de gueule a des raisons que la raison ignore, donc j'ai mis le paquet. Il va pour accompagner d'une phrase lapidaire le déroulement démonstratif de son bras quand je bondis par-dessus la copie de mon ancien bureau et que je commence par lui marteler le visage avec mon poing gauche alors que le droit, refermé sur l'Oxford jusqu'ici très rêche de sa chemise, le maintient d'aplomb pour qu'il encaisse sans fléchir. Puis lorsqu'il fléchit enfin, je le lâche, il s'écroule et je vise les côtes, juste vengeance, que je réduis à l'aide du pointu quarante-deux de mon pied d'appel. Emporté, tel le lionceau jouant puis trouvant dans l'excitation le goût du sang, je le ramasse, le porte à ma bouche et je hurle dans ce qu'il lui reste de cornet auditif :

« Dis à ces connards que la plaisanterie est terminée et que pour le prochain qu'ils m'envoient, j'ai tout un catalogue à sa disposition pour le travailler. »

Je vais sans doute payer ça très cher parce qu'on paie toujours très cher les choses que l'on accomplit sans réfléchir. Mais je suis prêt. Ils peuvent venir.

Je charge le démoli sur mon épaule, le redescends d'une traite et le dépose dans son beau costume un peu froissé à l'arrêt de bus qui jouxte l'entrée de l'immeuble. Puis je remonte comme une balle, comme si de rien n'était, comme si je venais d'arriver et que je retrouvais mon bureau tout rangé après le passage de la femme de ménage.

Tarter les connards a toujours eu un effet positif sur moi.

Avec ma procrastination habituelle pour tout ce qui concerne le quotidien, je décide de passer une dernière soirée agréable, mémorable si les événements le veulent bien, avec des douceurs tarifées s'il le faut, mais d'abord quelques verres avec mon voisin le psychiatre.

22

Quelques instants de détente

Braun et moi dépensons une certaine énergie à accomplir n'importe quoi et faire que cette soirée se grave sur un bout schisteux de notre courte mémoire collective. Nous restons au bureau qu'il trouve magnifiquement restauré et pour lequel il me demande les coordonnées de ma compagnie d'assurance. Nostalgiques d'une antérieure vie étudiante, nous commandons des pizzas lourdes en pâte et fromage, que nous dégustons sans verre ni couvert avec de la bière en boîte. De la sauce piquante gouttant sur nos mentons, nous nous léchons les doigts en écoutant ses disques de Bowie et en brassant une conversation tout en ritournelles du genre :

« Je pensais comme tout le monde que Bowie avait écrit ses pires morceaux dans les années 1980, et ben que dalle ! Quand t'écoutes le *Live at the Beeb*, je suis désolé, mais ça me les colle quand même pas mal. J'aurais pourtant juré que jamais plus je pourrais écouter *Let's Dance*.

— Ouais, mais c'est Mike Garson qui fait tout le boulot.

— Que dalle, Garson ! »

Puis il y a de la cocaïne pour réorienter le sujet. Braun, comme bon nombre de ses confrères, a ses entrées dans les pharmacies d'hôpital.

« *Aladin Sane* reste quand même ce qu'il aura fait de meilleur.

— Non. *Blue Jean* est bien pire.

— N'importe quoi.

— Tu ne me poses jamais de question, Braun.

— Jamais.

— Pourquoi ?

— Parce que le personnage que je risquerais d'interroger ne m'intéresse pas. »

Je ponctue le silence qui suit d'une inspiration nasale réflexe et le goût amer et médicamenteux de la poudre commence à couler dans ma gorge, anesthésiant ma gencive. Braun recoupe quelques traits et me tend sa petite paille en inox rehaussée d'une canule en caoutchouc. J'aspire deux lignes et nettoie la place d'un doigt humide que je porte à ma bouche. L'apprentissage de la gestuelle passe souvent par une filmographie thématique.

Je sors quelques heures avant l'aube.

Il fait bon. J'envisage même une balade médiane à pied pour rentrer chez moi. Mais ma voiture est là, tentation confortable d'un retour pneumatique au bercail. J'ai même oublié de la fermer, ce qui m'évite de me tromper cent fois en manipulant la télécommande du verrouillage. J'entre, je ferme, glisse la clé dans le démarreur, allume les phares et je regarde dans le rétroviseur. Par la lunette arrière, j'aperçois le boulevard, désert et, au fond là-bas, les premières clartés d'un soleil qui se couche sur les Amériques.

Je referme la porte de la Pelouse-de-Douet en m'interrogeant sur la programmation idéale pour motiver un sommeil devenu hypothétique. J'ai bien *Solaris* mais ça me fait un peu honte de l'utiliser comme soporifique. Alors que la lenteur ponctuée d'impacts d'*Il était une fois dans l'Ouest* est bien plus vénérable. Et qui sait si mes yeux ne profiteront pas des dix-sept premières minutes muettes de ce monument pour se fermer.

On frappe à ma porte au moment où ce type barbu et strabique vient d'emprisonner une mouche retorse dans le canon de son six coups. C'est dans ces moments-là que la cocaïne arque vos ressorts et vous apporte toute une batterie de solutions auxquelles vous n'auriez pas pensé à jeun. Je ne baisse pas le son, je n'éteins pas la lumière, je marche très rapidement jusqu'à la porte d'entrée sur la pointe des orteils et j'attends, main droite sur la poignée, main gauche sur le manche de mon hachoir à viande. Quand, sur la partie externe du battant, on frappe à nouveau, j'ouvre en coup de vent et pioche au hasard. Ce que je ramène dans l'appartement pèse trop peu pour représenter une menace. C'est une femme maigre, un peu jolie, un peu effrayée, mais ses yeux semblent me dévorer, comme si, de se faire extirper de la sorte lui avait retiré toute inhibition. Mlle Pontet.

« Qu'est-ce que vous foutez là, vous ?

— J'étais dans votre coffre.

— Pardon ?

— Vous allez me faire un enfant.

— Quoi ? »

Elle est nue.

Dans les quatorze secondes qui suivent son arrivée chez moi, comme si tous ses vêtements avaient été au préalable montés sur Velcro, Mlle Pontet est à poil. Les éclairs bleutés du poste de télévision n'arrangent pas l'état blafard de sa silhouette, la saillance de ses os sous une peau trop fine. Les flashes jouent sur les ombres profondes qui s'enfoncent sous les clavicules, les côtes, les hanches sortent comme des haubans, les genoux comme les bosses des monstres de foire, et son pubis devient d'une évidence vertigineuse. Je vais dire à Mlle Pontet qu'elle doit se rhabiller parce que je ne suis pas en état de lutter efficacement contre des désirs que j'ignorais jusqu'ici. Je vais dire à Mlle Pontet qu'elle doit cacher ce corps sans seins parce que si peu de seins bousculent mes perceptions. Je vais dire à Mlle Pontet qu'elle s'est trompée d'endroit, qu'ici on ne la traitera pas comme elle le mérite, qu'ici, si elle reste comme ça, on la baisera comme une chienne, là, sur place, dans l'entrée, les genoux râpant sur le paillasson, par tous les trous, dans tous les sens, et qu'elle s'entendra dire des choses pas très tendres. Je suis capable d'être un clebs, la bassesse fait partie du patrimoine génétique de l'homme.

« Je ne suis pas malade, je vous l'assure, j'ai fait un test. M. Braun pourra vous le dire, on peut l'appeler si vous voulez.

— Sortez d'ici, mademoiselle Pontet.

— Je ne peux pas, c'est aujourd'hui.

— Rhabillez-vous et sortez.

— Je suis féconde, maintenant. Et je suis sûre que vous me ferez un bel enfant. »

La capacité de persuasion de Mlle Pontet passe visiblement par une parfaite maîtrise de la langue. J'aurais certainement pu m'extraire de la demi-heure qui suit si Mlle Pontet n'avait pas su utiliser son organe.

En l'occurrence, dans les minutes qui suivent, nous sommes à suer l'un sur l'autre dans le canapé, alors que ce pauvre type qui vient d'acheter tous ces arpents de terre sur la ligne du chemin de fer est en train de se faire décimer toute sa famille par les raclures à la solde d'Henry Fonda. Mlle Pontet se dresse sur moi comme un Christ en croix que mes mains caressent et pétrissent autant qu'il est possible sans se retourner un ongle. Je contemple ses mouvements désespérés et rotatifs comme j'aurais pu le faire d'un film pornographique. L'intérieur de Mlle Pontet renferme des merveilles. Le fluide dont elle m'envahit possède des vertus impressionnantes et annonce un orgasme encore inconnu.

Au cours de la fusillade qui met fin à la famille, Mlle Pontet m'envoie un furieux coup de tête. Son front rencontre mon nez à la vitesse d'un missile de croisière et j'entends l'os craquer net. Au même instant, une autre douleur m'enserre le bas-ventre comme si on tentait de m'arracher l'intégralité de l'appareil reproducteur avec une pince multiprise. Plus rien ne bouge. Mlle Pontet pèse subitement très lourd, elle s'est effondrée dans mon cou, du sang dégouline de mon visage sur ma poitrine, Claudia Cardinale arrive à la gare du *boomtown* et mon cerveau tente comme il peut de trouver les bonnes questions à régler.

Identifier la douleur du bas du corps. C'est une sorte de crampe, et cette sorte de crampe m'empêche de me détacher du vagin de Mlle Pontet.

Mlle Pontet. Elle semble avoir collapsé. Peut-être est-ce ce collapsus qui occasionne chez elle une crampe. Je la soulève doucement. Le haut de son front n'existe plus jusqu'à la racine du nez et l'un de ses yeux a disparu. On ne se trépane pas en filant un coup de boule, même à un type comme moi. Je bascule sur le côté pour me séparer de Mlle Pontet mais elle est attachée à moi et je hurle de douleur en manquant me déraciner le pénis. Mlle Pontet est morte. Dans la baie vitrée du salon, à trois mètres cinquante de nous, un trou, net, le verre n'a même pas fissuré. Dans le canapé, cinq centimètres au-dessus de ma tête, un trou, encore chaud, dans lequel j'entre un doigt jusqu'à l'armature métallique du sommier de secours, brûlant.

J'agrippe la télécommande et coupe le son alors que Claudia Cardinale regarde un à un les cadavres de sa famille d'adoption. La rue de la Pelouse-de-Douet est silencieuse comme une veille de match. Juste, là-bas, au fond, en direction de Mérignac, le crissement d'un quatuor de pneus lisses qui chasse dans un croisement et s'éloigne, la seconde en bout de course, les pignons craquant brutalement sur la troisième puis le changement de régime comme un bourdonnement qui s'éteint.

Dans la salle de bains, je n'allume pas. Je nous assois sur le rebord de la baignoire, je fais couler un bain froid et je serre contre moi Mlle Pontet en tentant du mieux que je peux de résister au dégoût, à la nausée, à l'état de choc, à la peur, à la détresse. Pas mal de gens sont morts de mes mains. Mais jamais personne n'est mort dans mes bras. A fortiori une femme.

Dans l'eau glacée, les corps caverneux se vident de leur sang, Mlle Pontet me lâche et je pleure. Je nous garde comme ça, l'un sur l'autre, perdu dans une infinie tristesse, parce que je vais devoir agir avec cette femme comme avec toutes mes victimes. Considérer cette femme en cadavre, masquer le cadavre, transporter le cadavre, enterrer le cadavre dans la terre compliquée de radicules d'une forêt de pins en bordure des Landes.

Le voyage jusqu'au pare-feu a au moins l'avantage de me faire décompenser en réflexions professionnelles. Qui ? Pourquoi ? Assez rapidement, au vu des éléments et du trouble qui annihile une partie de mon système d'analyse, la possibilité la plus logique appartient à mon passé. Mlle Pontet disparaît sous une terre dont j'ai établi qu'elle aidait à mieux décomposer les chairs étant donné sa forte teneur en humus. Mon nez recommence à saigner sous le pansement et chacun des pas que je fais sur la chaussée pour rejoindre ma voiture ressemble à un coup de gong sur l'occiput.

23

M. Paoletto

« Cassé. En deux endroits. Ici et ici, vous voyez ? »

Le médecin des urgences du CHU de Toulouse est une femme, il est six heures trente du matin, je suis le dernier client d'une garde de quarante-huit heures. Le bord externe de ses paupières a une nette tendance à rejoindre les commissures de ses lèvres. D'ordinaire, ce doit être une belle femme. La fatigue est une maquilleuse infecte et rancunière. Un bouton, qui ne fleurira que dans quelques jours, boursoufle sa tempe droite, les cernes sous ses yeux donnent à son regard l'aspect implorant d'un masque de panda et son haleine révèle une santé buccodentaire provisoirement à l'abandon.

Ses nerfs dirigent de manière syncopée des gestes qu'elle a pourtant une habitude répétitive d'accomplir. Il lui faut trois tentatives pour réussir à glisser la planche translucide de ma radio sous la pince du tableau lumineux. Ses doigts me montrent les fractures, moi je ne vois que les peaux qu'elle a rongées et qui se tire-bouchonnent de part et d'autre de ses ongles longs.

Plus tard, une infirmière me pose une attelle sur le

nez qui s'applique comme une paire de lunettes. Dans le miroir qu'elle me tend comme si je sortais d'une rhinoplastie particulièrement banale, je vois mon visage pour la première fois depuis un siècle.

À la sortie de Toulouse, je glisse ma carte bleue dans l'un de ces hôtels de macadam où les fantômes de quelques femmes de ménage mal fagotées, humiliées, oubliées là, hantent les couloirs et vous dérangent au matin en s'excusant vaguement dans un sabir fatigué et usuel. Je m'endors comme on peut s'endormir dans un tel bordel. Je me réveille deux heures plus tard, un aspirateur fouraillant sous le lit, conduit comme une Formule 1 par une Sierra-léonaise qui prétend s'appeler Martine et à qui je tends un billet pour qu'elle repasse plus tard. Martine empoche le billet, finit la chambre et sort en claquant la porte. Je prends une douche en positionnant sur le trou d'évacuation un caillebotis en plastique vert. Puis je me défais de mes matières fécales en retirant du même trou le même caillebotis vert puisque telles sont les fonctions de cette cabine présomptueusement nommée « multifonctions ». Puis, je quitte la chambre sans avoir pu ouvrir la fenêtre, ni chasser mes odeurs par une salve d'hydrocarbure. Tendre Martine.

Dans la soirée, j'atteins Nice et de nouveau j'autorise mes pensées à émettre quelques questions/réponses. Je gare la voiture sous la promenade des Anglais et reste un temps debout sur la dalle de béton teintée du parking à écouter les pièces du moteur engager leur résilience dans un concert de cliquetis métalliques. Dans les étages, des pneus chuintent sur le revêtement du sol.

Chez M. Paoletto, la plupart du personnel a changé.

Le renouvellement des muscles a apporté une nouvelle génération de bras, plus nerveux, plus bêtes, plus tangibles. M. Paoletto se fait vieux et ses possessions nécessitent une plus grande attention. Il se déplace à l'aide d'un déambulatoire qu'il a un mal de chien à soulever de terre. Bientôt, ses épaules passeront par-dessus sa tête, sa capacité respiratoire s'en retrouvera fortement affectée et puis il mourra de manière naturelle, entouré et protégé par une armée de gardes du corps suréquipés en cas de coup dur. Et toute cette forteresse ne servira plus à rien, une fourmilière sans reine, un royaume sans héritier, parce que M. Paoletto n'a jamais supporté d'être ce qu'il était : un petit parrain local sans casier judiciaire, totalisant assez de larcins minables pour entretenir la pérennité de ses ascendants, sans plus.

J'appuie sur le timbre de l'entrée de la propriété. Quinze heures plus tard, une voix corsiphone me demande de me déplacer un peu sous le faisceau de la caméra de surveillance, puis ce que je veux. J'explique et j'attends longtemps encore, après qu'à l'autre bout de la propriété, le Corse ait raccroché. Puis un bruit de moteur. Puis des phares. Puis deux voitures dont une qui vient de l'extérieur me prennent entre parenthèses. Je constate que la méthode de Fiscetti a fait des émules. Deux types sortent de la voiture derrière moi et s'approchent calmement, la main sur le portefeuille. Rasés, bon teint, un avec des lunettes de soleil où rien ne se reflète, l'autre pas. On ne me parle pas, on s'apprête juste à me dérouiller. La technique est simple. On me fracasse dehors et on me fait disparaître à l'intérieur, quelque part sous les trente-cinq hectares du paradis fiscal de Paoletto. Le type aux lunettes sort de sa poche un battoir télescopique au bout duquel frémit un arc électrique. Le monde niçois doit être en guerre, je n'en savais rien, je suis tombé au milieu d'un essaim. Et merde ! Pourvu qu'ils attaquent au nez, qu'on en finisse vite.

« Lapelouse ? »

La voix de Barzotti s'est encore éraillée. Les L&M qu'il avale à trois cartouches la journée lui travaillent depuis quarante ans ce croone bien spécial qui pourrait chanter du bluegrass comme de la guimauve country. Garçon sympathique au demeurant. Dégingandé, pas élégant, vulgaire et inappliqué, même les mains propres, il laisserait des traces de doigts sur du papier de verre. Il a vieilli. Et je ne sais pas comment il peut me reconnaître avec tous ces éléments contre moi.

M. Paoletto m'accueille comme un fils : en robe de chambre et mules.

Tout au long du chemin, Barzotti m'a raconté la vie ici comme un directeur de succursales de province se plaignant de l'état du marché. Le passé pour Barzotti est une sorte de bouée de plastique multicolore dans laquelle se reflètent les impressions d'une époque chatoyante qui n'a jamais eu lieu. À base de « c'est plus ce que c'était » et de « à l'époque au moins », son monologue nous amène jusqu'au salon où planera, tant que les pierres tiendront, cette funeste odeur de cendres tièdes.

Alors Barzotti regarde mon nez et mes yeux pochés et, paternaliste en diable, me conseille pour la énième fois d'y appliquer une compresse imbibée d'urine de hérisson. Son rire part comme un souffle dans un accordéon crevé et une porte grince.

M. Paoletto refuse d'être assisté.

La difficulté qui consiste à entraîner son déambulateur vers l'avant ressemble à l'ultime défi de sa pauvre existence. Je tente de me soumettre à une série démonstrative de positions canines mais de toute façon, la courbure qu'accuse sa silhouette ne permet même pas à ses yeux de m'inspecter. Il utilise ses derniers instants d'orgueil, une fois assis, à travailler son corps pour qu'il adopte une posture de gentleman, jambes croisées, bras posé sur le rebord du sofa, main sur le genou. Mais ce qu'il lui faut de forces pour regarder devant lui ruine toute dignité. Du temps de son vivant et de sa superbe, Paoletto se serait promis à une balle creuse. Son œil, aujourd'hui, ressemble au culot d'une bouteille au fond de laquelle traîne et chavire un bout de bouchon. Dans ce que j'y aperçois, je doute que j'obtiendrai les réponses que j'attends :

« Monsieur Paoletto, je vous ai quitté il y a cinq ans pour l'histoire que vous savez. Je pensais avoir payé mes dettes. J'avais décidé de refaire ma vie ailleurs et c'est ce que j'ai fait, en appliquant au mieux toutes les bonnes choses que vous m'aviez apprises. J'ai fait des trucs par-ci, par-là, rien de très valable en fait. Et puis j'ai monté une petite entreprise, dans le Sud-Ouest, une petite affaire d'intérêt public, si vous voyez ce que je veux dire. Mais un business honnête, avec un prêt bancaire et une déclaration en préfecture. Jusqu'ici, j'ai travaillé sans complication. J'ai pas de concurrence, ce qui est la moindre des choses. »

M. Paoletto commence à remuer. Je dois l'ennuyer. À tout le moins perturber son ennui latent. Je m'apprête à accélérer mon récit mais le vieillard se lève, reprend son déambulateur et commence à se diriger vers l'endroit où il est apparu. Et il disparaît derrière la porte par laquelle il est entré.

Rien ne pouvait moins me compliquer la tâche que cette situation.

Paoletto est totalement sénile. Il ne dirige plus rien. Un comptable doit s'occuper de rétribuer ses hommes pour qu'ils jouent les rottweilers autour de la propriété et donner encore l'impression que la tour est occupée. Mais le maître de maison n'est plus qu'un pot de confiote retourné.

Je me dirige vers la cuisine et, dans l'immense frigo américain avec distributeur de glace incorporé en façade que nous lui avions offert pour ses cinquante ans, je pioche une bouteille de Carlsberg. Là aussi, ça sent le bois brûlé et autres combustions. Dans la fenêtre du four, j'aperçois ma fiole désaxée par le bandage. L'intérieur de mes narines me démange comme jamais. Pour distraire la douleur, je tente de songer à ces soirées qui ne me plaisaient pas, où sur cette table de teck, nous avancions d'interminables parties de poker au cours desquelles je perdais régulièrement chemise et chaussettes. Nous buvions de la Carlsberg et, parfois, Paoletto venait perdre de l'argent avec nous. Paoletto s'était forgé une sorte d'identité de père spirituel. Ses visites rassuraient ses hommes qui semblaient tous avoir perdu un repère important de leur existence. D'entre tous, Barzotti était le plus soumis. C'était lui qui gagnait notre argent et nous protégeait contre les mauvais coups du hasard. Nous savions tous ça. Même Paoletto, qui lui avait confié douze années d'incarcération et un numéro d'écrou qui aurait dû lui revenir.

Qu'est-ce que je fais là, alors ?

La maison est spacieuse mais j'entends la chasse d'eau des toilettes du rez-de-chaussée comme s'ils étaient à côté. Lorsqu'il a repris l'affaire familiale, Paoletto a mis des cloisons partout. Au figuré, avec les hommes de main, c'était une bonne idée car c'est toujours le meilleur moyen de faire croire en l'existence d'un dieu unique et omnipotent. Au propre, avec l'espace, on trouve rarement de bons constructeurs. Le Placoplâtre a avantageusement remplacé la pierre de taille et aujourd'hui, quand un convive sort de table, on l'entend pisser malgré le roulement d'une conversation soutenue.

La porte de la cuisine s'ouvre sur le déambulateur. Puis M. Paoletto apparaît. Il s'avance en visant ses pieds jusqu'au centre de la pièce, puis il s'immobilise et met à profit le quart d'heure qui suit pour lever ses yeux vers moi et garder le plus longtemps possible sa tête droite. Et sa voix grince.

« Je ne sais pas ce qui t'arrive, petit, mais si tu as traversé tout ce foutu pays pour venir chercher une réponse ici, c'est que ça doit pas être simple. Et je m'en fous, tu m'entends ? Quoi qu'il t'arrive, même si tu en chies des bulles carrées, je m'en fous. Je suis trop vieux et trop préoccupé par mes lombaires pour m'intéresser à la douleur des autres. Mais je vais répondre à ta question, fils : c'est pas moi, ton problème. Tu es parti et t'as emporté tes trucs avec toi. Ta dette, elle était tellement minable que j'allais sûrement pas mettre mon honneur en jeu pour te courir après. T'aurais été foutu de me ridiculiser. Je me fous de toi et de tes problèmes mais si un type venait me proposer de te faire chier, je l'enverrais au diable et je préviendrais mes hommes de veiller sur toi jusqu'à ce qu'on retrouve ce type au fond d'un vide-ordures. Tu peux dormir ici, ta chambre est faite. »

Demi-tour droite. Après qu'il aura passé la porte de cette cuisine, je ne reverrai plus jamais M. Paoletto.

Plus tard, Barzotti vient me trouver, partage une Carlsberg, se remet à disserter sur l'époque, tente de m'accrocher sur deux ou trois points de rhétorique banditiste et sort ses cartes. Je repousse la proposition et ressors quelques bières. On discute de sa vie minable et de la mienne avec une virilité comparée de représentants en manches à balais. Et puis, Barzotti se fait curieux :

« T'as du souci ?

— Pourquoi ?

— Je sais pas, tu fais quoi ici ?

— Rien.

— OK ! Mais, bon, si je peux aider.

— Non, Marco, tu peux pas aider.

— Tu réintègres l'équipe ?

— Pas plus.

— En gros, tu venais aux nouvelles, c'est ça ?

— Ce genre de truc.

— OK !

— Pourquoi tu demandes, Marco ?

— Parce que les gars vont vouloir savoir et que je suis le plus vieux de la meute. »

La meute. Les chiens. La hiérarchie selon saint

Clébard. La testostérone du gangster. Dans un groupe de loups, d'hyènes ou de lycaons, quand on retire l'un des membres pendant un temps donné, il prend automatiquement la plumée lorsqu'il rentre au bercail. C'est un bon moyen de souder le clan et de s'assurer que l'éloigné n'aura pas appris l'affranchissement dans son exil, si court fût-il.

« T'en fais pas, Marco, je suis pas revenu.

— Tant mieux. Ça m'aurait fait chier d'avoir à te botter le cul.

— Je suis crevé, Marco.

— Je sais, t'as une sale gueule. J'ai appelé Béa, elle est en bas, elle t'attend.

— Merci, Marco. »

Ma chambre non plus n'a pas bougé d'un iota. À côté de la piscine, sous le petit Trianon, les fenêtres donnant sur les bennes. Peinture bleue au mur, lit en fer une place, un bureau en Formica, une chaise, une étagère et le numéro 1 de la Série Noire, *La Môme vert-de-gris* qui traîne sur la plus haute branche. Et Béa. Quatre cent douze ans, les seins refaits, le ventre moelleux comme un kilomètre de mélasse, des vergetures jusque sous le cou et des bras de maman. Blonde avec des racines noires de vingt-trois centimètres. Mais deux fossettes à la taille et une voix de diva japonaise.

Béa me câline, me laisse pleurer puis m'endort.

Je rêve à des horreurs qui me vident d'une partie de mon mal et je quitte, à l'aube encore, cette case de ma jeunesse.

24

La philosophie dans l'habitable

Le retour se fait sous une pluie battante et, quitte à cumuler, je passe en boucle et en alternance tout ce que ma discothèque portative contient de Tristana : Lambchop, Jeff Buckley, Leonard Cohen, Scott Walker, Tindersticks, Marianne Faithfull, Mark Hollis, Beth Gibbons, j'en passe et des fontaines.

L'atteinte sur mon moral est directe, l'impact précis comme une tumeur.

Je saigne du nez par intermittence et m'arrête plusieurs fois sur la route pour vomir, pleurer, me vider d'une manière ou d'une autre. Du côté de Montpellier, il me vient l'idée de remonter vers le nord et proposer la botte à James. Poser l'ardoise sur la table et dire que je me suis gouré, ouais, à quarante balais on se plante encore, parfois même bien, avec les genoux qui pissent et des dents cassées. Ça serait pas une première dans mon CV.

Et puis j'aurais le cran d'accepter le minable de la situation.

C'est toujours mieux que de chercher des justifications.

Depuis le début, je cherche des justifications. Pourquoi je suis devenu garde du corps, puis tueur, puis détective, puis discounter de contrats ? Comme s'il fallait justifier un emploi d'éboueur pour se sentir à même de l'exercer. Je suis le produit d'une époque où les problèmes ne s'écartent plus, ne se gèrent plus, ne se négocient plus, ne se temporisent plus mais s'éradiquent de manière définitive.

Quelque chose vous gêne ? « Pomme Q » et c'est réglé.

Ça devient tellement facile, d'une telle évidence, que des types comme moi soient obligés de proposer des solutions discount pour pas que le marché leur échappe. Faire disparaître quelqu'un ou un problème est devenu aussi simple qu'acceptable et trouver la recette pour en vivre devient aussi talentueux que de penser une campagne de pub pour vendre de l'air.

Accepter sa situation, celle qu'on s'est créée quand il était encore possible de devenir écrivain, policier, professeur d'anglais, manœuvre ou ingénieur des ponts et chaussées, relève d'une sorte de sagesse propre à l'espèce humaine, mais que l'espèce humaine cesse de reconnaître quand cette situation devient intenable. Oui, on glisse dans la criminalité parce qu'à un moment donné, la fracture dans laquelle on vit ne semble pas avoir d'autre horizon. Je suis d'accord avec ça, même si ça n'a jamais été mon cas et que j'ai toujours agi par goût. Mais perdre est une question de méthode, comme disait Gamboa en citant Sepúlveda. S'accorder trop de récréation du mauvais côté revient à baisser les bras. La criminalité n'est pas une solution de facilité, loin s'en faut. L'ultralibéralisme qui règne sur le monde des basses œuvres n'est rien de moins qu'un nid de guêpes dans les alvéoles duquel se jouent des drames bien au-delà du shakespearien, n'aide personne à vivre ou à mourir, mais laisse ses sujets désemparés et désorientés et prêts à tout pour survivre.

C'est un tort de spécialiste et d'expert que d'imaginer qu'une structure très précise, une sorte de corpus social, gouverne la criminalité. Il n'y a que le chaos et il n'y aura jamais que cela. Un chaos où l'on tente de s'organiser, parce qu'il reste inscrit en chacun de nous que l'union fait la force, la grégarité déterminant la survie du plus grand nombre. Mais à la fin, moins il y a de fous plus il y a de fric. Bien malin celui qui tente de devenir le mâle alpha de la meute. Car quel que soit son règne, il n'adviendra jamais. Trop de mâles alpha autour affûtent leurs mâchoires. Même l'association devient une perte, à terme. Il n'y a aucune fraternité dans la criminalité et, sauver une vie ne revient jamais à en gagner une. Parfois, il s'agit même de sauver celui qui viendra vous tuer.

Dans le monde normal, celui des règles et de la loi, on a mis en coupe réglée les bas instincts et on a formé la famille à l'image de la sainte Trinité pour que chaque jour il apparaisse traumatisant de trahir les Écritures, mais si les Grands Livres n'étaient que ceux des contes de fées ou autres recettes de magie noire ? Dans le monde parallèle, trahison et domination sont devenues les piliers d'une société en forme de hachoir. Nous glissons le long de parois coniques et nous nous enfonçons de plus en plus vers des lames multiples qui tournent à des vitesses vertigineuses, les plus forts grimpant sur les plus faibles pour gagner quelques précieuses secondes sur la théorie de l'évolution et la loi du plus fort. Mais la moulinette ne s'arrête jamais et les candidats au grand tartare final, soit par goût de l'autodestruction, soit de l'aventure, ou tout simplement par détresse ou par bêtise, seront toujours nombreux.

Aujourd'hui, tout cela s'est tellement démocratisé, qu'il paraît naturel à un banquier de financer l'établissement d'une société anonyme dont la principale production est l'élimination systématique d'êtres humains décrétés nuisibles par d'autres êtres tout aussi humains. Qu'un type comme moi, de manière absolument réfléchie, décide de se lancer dans ce genre de processus professionnel un peu bancal est une chose dont il ne faut pas négliger les implications. Qu'une organisation criminelle, même de faible envergure, soit financée par une banque qui a pignon sur rue n'en fait pas moins une structure dépendant entièrement du monde chaotique de la criminalité. C'est-à-dire que les problèmes risquent de lui pleuvoir sur le coin de la gueule, et bien plus vite qu'à son tour.

Avant, je dépendais d'une meute dans laquelle la tournante des mâles alpha permettait que l'on se repose sur la hiérarchie. Aujourd'hui, établi à mon compte, je ne fais que récolter le bordel des graines de merde que j'ai semées.

D'où vient ce bordel ?

D'où viennent ces foutues graines ?

Mais tout le monde s'en branle, Richard. C'est ton bordel et tes graines. Le jardinier, c'est toi, alors il est sûrement temps d'enfiler tes bottes, d'essuyer ton nez et de rentrer mettre un peu d'ordre dans ce vallon de petites misères.

L'apitoiement sur soi a cela de gratifiant qu'il vous disculpe pour pas cher et vous extirpe comme une mauvaise dent des mâchoires du mal. Mais l'atterrissage n'est jamais rafraîchissant. Quand un tueur se plaint de sa condition, il lui reste l'option de changer de métier. S'il se réveille toujours tueur, les dés sont jetés, les jeux faits, et le chaos continue.

« Monsieur Lapelouse ?

— James. Je pensais à vous, sans vraiment le désirer.

— Vous êtes en voiture ?

— Absolument.

— Je ne serai pas long. Retour de mission ?

— En quelque sorte. Que puis-je pour vous en cette heure de fermeture des bureaux ? Quelque demande qui nécessite la discrétion d'une office vidée de son personnel ?

— En quelque sorte. »

Six cents kilomètres à l'oblique de mon parcours, James marque une pause pour déglutir ou allumer une cigarette, à moins que ça ne soit pour avaler un peu de fumée. Le ton se veut plaisantin, mais le cœur n'y est pas.

« Mes versements auraient du retard…

— Monsieur Lapelouse, l'un de mes associés m'a demandé de vous transmettre le message suivant : sa patience a des limites élastiques que vous avez visiblement outrepassées et son dernier avertissement a eu lieu il y a maintenant vingt-quatre heures. Il espère que vous aurez compris et qu'après tous ces déboires bien inutiles, vous vous attellerez à la tâche qu'il vous a confiée.

— L'un de vos associés, James ?

— Je croyais que votre entreprise était florissante et que le rendement ne vous faisait pas peur, je me rends compte aujourd'hui qu'il n'en est rien, monsieur

Lapelouse, et le pire, c'est que je l'apprends à mes dépens.

— Je ne comprends rien de ce que vous racontez. Quels associés ? Quelles limites ? Quelle tâche ? Quel avertissement ? »

Je glisse lentement le long de la bande d'arrêt d'urgence pour me concentrer sur le feu roulant de mes questions en sachant très bien, en percutant brutalement, qu'il y avait de multiples interconnexions entre ce salopard et la source de mes complications. J'ai su ça dès notre premier rendez-vous, dès sa gueule de hareng, dès qu'il a parlé. Dès qu'il a parlé de sa mère.

« Je ne peux pas vous en dire davantage, Richard. Vous comprendrez que je limite moi aussi les risques, ce qui est bien normal dans nos métiers. Une ligne surveillée par inadvertance et c'est une carrière qui souffre bêtement. »

La conversation s'éteint.

Les vents des voitures qui me doublent font gîter l'habitacle et j'ai brusquement envie de dormir. Le sommeil me saisit toujours quand une angoisse monte.

Ma tour de contrôle propose une solution qui consiste à reporter le débriefing à une date ultérieure. Après la sieste. J'allume une cigarette pour occuper mes mains, contenter ma nervosité, couver la léthargie montante, dérouter la facilité qui consisterait à incliner la banquette et sombrer.

25

Beltrand

La place est vide. Nettoyée de son mobilier. La grande blonde m'a prévenu en me tendant deux nouveaux Post-it.

« Trois fois vous avez laissé passer votre chance. La difficulté s'est accrue, c'est normal.

— Pourquoi, c'est normal ?

— Monsieur Lapelouse, l'heure n'est plus aux questions mais à l'action. Nous espérons que vous serez au rendez-vous. Je suppose que vous avez compris que la disparition de M. Beltrand était pour nous d'une importance primordiale. Nous sommes capables de bien des choses pour que cet événement advienne.

— Pourquoi vous ne le faites pas vous-même ? »

Je ne faisais là que de la pure rhétorique. Sonia a gonflé les joues, n'a pas laissé d'argent et elle est partie sans répondre. Le truc, c'est de se contraindre, à un moment donné au moins, à baisser les bras. « Tu vas aller chez Beltrand, tu vas le faire disparaître de son appartement sans qu'il repasse par la porte, l'atomiser, le pulvériser, le vaporiser, tout dépendra du matos disponible sur place. » Point final !

Et sur place, il n'y a rien.

L'appartement de Beltrand est vide. Beltrand a déménagé. Beltrand est parti. Atomisé, pulvérisé, vaporisé avec son propre matos : une tête et deux jambes. Ça sent la fuite et la dissimulation, une équipe de repassage industriel est même venue remettre un grand coup de blanc sur les murs pour masquer l'absence des meubles. Dans la cuisine ne restent que les placards incrustés dans le mur porteur, l'évier et la poubelle, dans laquelle, pour une raison ou une autre, on a installé avant de partir un grand sac deux cents litres neuf. Dans le placard de gauche, un petit robot minute pour faire de la bouillie de bébé. Dans le tiroir à couverts, un couteau à pain. Dans mon dos, une voix :

« Qu'est-ce que vous faites là ? »

Beltrand est un type livide ou gris qui ne sera jamais pris au dépourvu par la stupeur. Il me considère avec ses yeux de goal de handball soulignés de vastes valises bleues telles que j'en arbore moi-même. Ce type a été rossé récemment, pommette gauche enflée, traces violettes dans le cou, hématomes maxillaires. Tellement amoché que je mets un certain temps à reconnaître mon messager. Le type que j'ai tabassé il y a moins d'une semaine parce qu'il était venu m'annoncer que ses commanditaires s'impatientaient. Il s'était d'abord placé stratégiquement dans l'entrée de la cuisine pour éviter ma fuite, et c'est précisément cet emplacement qui lui donne l'avantage. Il m'a reconnu au centième de seconde où son cerveau tirait la sonnette d'alarme et gueulait à ses jambes de fuir. Pas assez vite. J'ai le temps de lui shooter dans la cheville et il s'étale dans le couloir. Je n'ai jamais posé cette question à un contrat. Mais l'invraisemblance de la situation nécessite un minimum de risque. Un genou planté dans son plexus solaire, je demande :

« Vous êtes Beltrand ? »

Ce type est venu chez moi six jours plus tôt pour m'annoncer que ses employeurs s'impatientaient. Ses employeurs s'impatientaient parce que je ne l'avais toujours pas tué. Ce type s'est rendu compte trop tard de l'étendue de ce jeu de dupes et maintenant, il ne m'adresse qu'un signe de tête.

La lame du couteau à pain se fiche dans l'intestin grêle de Beltrand. C'était sans doute un type trouillard qui se terrait. Pas le type cool dont me parlait James avant-hier. Cafard, souris, cloporte, êtres unicellulaires : la peur est une mécanique de survie qui amène les espèces à évoluer. Qui sait si toute une partie de l'humanité ne développera pas, d'ici aux confins, une capacité de déplacement ultrarapide, une nervosité sensorielle extralucide ou bien, carrément, une sorte de don d'invisibilité réflexe. L'homme faible s'enfuyant face au plus fort. Redevenant une proie.

Beltrand meurt là. Sa vie s'achève.

La merde pour moi ne fait que commencer.

Je n'ai jamais démembré un homme et les viscères me sont toujours apparus comme un paquet de serpentins moyennement festifs dont l'impénétrable mystère ne m'intéressait pas – même si le catalogue propose les options que l'on sait. Donc je passe un certain temps à regarder ce nouveau cadavre en envisageant très méthodiquement les diverses possibilités d'évacuation. Je ne vais pas tricher, je ne peux pas me le permettre. Il n'y a plus de tapis ici où rouler Beltrand. Le descendre empaqueté s'avère inenvisageable, l'activité fourmilière des étages inférieurs rendant la progression discrète inopérante, nonobstant le fait que je suis certainement surveillé et que j'ai tout intérêt à filer doux si je tiens à rencontrer les marionnettistes. Puis, je refais le tour de l'appartement à la recherche d'autres options. Je comprends peu à peu ce que la grande blonde a voulu dire. Si j'avais agi plus tôt, il serait resté ici un plus grand nombre d'alternatives. Or, aujourd'hui, l'inventaire des outils tranchants ayant survécu au déménagement se fait aisément : un couteau à pain qui vient de faire ses preuves et un robot minute uniquement apte à broyer l'équivalent d'une misérable tomate. Si l'on ajoute à cela la présence d'un sanibroyeur dans les toilettes, on mesure l'étendue de mon désarroi et de la tâche qui m'attend.

Il faut bien commencer un jour, à chaque jour suffit sa peine et il y a des jours sans. Tout ça pour une seule et même matinée. J'ai mal au nez. Je porte une croix qui a l'épaisseur d'une barre HLM et, par-dessus tout, je suis en colère. En colère parce qu'on me force la main, on me dirige, on obtient de moi ce que j'ai toujours refusé d'accomplir en me menaçant et en me faisant plier. Et je sais que je suis ici sur le palier d'une antichambre, celle d'un examen de passage, et que, si je réussis, j'aurai alors accès au saint des saints. Si j'avais le choix ? La question ne se poserait pas.

La première difficulté tient dans la topographie du sol de l'appartement et de ses revêtements. J'ai eu le mauvais geste au mauvais endroit. J'aurais dû attirer Beltrand dans sa salle de bains, elle est spacieuse, le sol est dallé, la baignoire vaste. Je le sais. C'est nul. Je ne réfléchis pas, la partie de mon cerveau dans laquelle se planque le syndicat de mes neurones me vote des censures pour protester contre la non-application du code du travail. Ici, c'est du linoléum. Ça va encore.

Mais sorti de la cuisine, c'est moquette blanche sur les trois quarts du territoire, avec différentes textures, du moelleux au tapisson, tout ça très propre, très blême. Comment faire traverser deux cent cinquante mètres carrés de banquise à un type qui se vide, sans en renverser une goutte ? Mon manuel des Castor Junior n'est pas apte à me proposer grand-chose, Riri, Fifi et Loulou étaient des petits vendus qui m'auraient dénoncé à la Kommandantur si j'avais demandé le moindre conseil. Et je ne peux pas débiter ce type ici. C'est dans la baignoire qu'il doit dégorger et pas ailleurs. Donc, j'opère un déshabillage de la victime, ce qui me répugne particulièrement, et particulièrement aujourd'hui. Beltrand n'est pas joli à regarder, nu, son anatomie sans soin révèle un abandon triste, et la mocheté du corps humain quand il n'est pas celui d'une passion, même passagère. La coupure dans l'estomac n'est pas très nette, les dents du couteau ont sérieusement abîmé l'épiderme, la plaie n'est pas propre et un peu de sang s'en écoule encore, signe que le cœur bat toujours, quoique plus lentement. Je garrotte Beltrand à la taille, avec son pantalon. Au moment de faire le nœud, l'homme émet un vague grognement. Je l'étrangle avec sa ceinture.

Je charge Beltrand sur mes bras et j'entame la traversée. Mon premier pas sur la moquette du salon ressemble au début d'une progression sur un tapis de braise comme on en trouve dans ces séminaires pour cadres dynamiques candidats au surpassement de leur pauvre petit esprit cartésien avide de magie noire. En sortirai-je grandi, renforcé dans mon dynamisme d'entrepreneur ? Mon cul ! Beltrand est lourd, sous mon nez, recroquevillé au milieu des poils de son pubis, son sexe ressemble à l'extrémité d'un yakitori. Qu'est-ce que j'ai, ce matin, à tout voir au travers d'une déchetterie ? C'est aujourd'hui que m'apparaît tout l'immonde de mon métier ?

La salle de bains est au bout de ce long couloir que je dois remonter en crabe pour que les deux extrémités du corps ne râpent pas le long des cloisons. C'est d'un comique à pleurer. Je connais la manière de procéder. On n'a pas besoin d'y réfléchir bien longtemps. Ça sera dégueulasse comme un concours américain de bouffeurs de tourtes à la groseille.

Je plonge le corps de Beltrand dans un bain d'eau chaude pour que le sang qui reste dans les veines s'échappe totalement. Je le laisse là et repars à la cuisine chercher le petit mixeur. En attrapant le sac-poubelle neuf dans la poubelle, je comprends que le hasard qui fait bien les choses n'est jamais rien d'autre que l'œuvre d'un misérable scénariste de Cluedo. M. Beltrand, dans la salle de bains, avec le mixeur, le sanibroyeur et le sac-poubelle pour récolter les os.

Une œuvre magnifique, une éclate totale.

Des types dans le monde entier, des malades d'images, pondent des trucs comme ça à la douzaine pour plonger des candidats dans l'embarras d'un jeu télévisé dans lequel ils seront filmés vingt-quatre heures par jour, dans leurs moindres déboires. Non seulement on a décidé que je tuerais ce type, mais aussi comment, malgré les données du catalogue.

Je suis *très* en colère.

Comme un type qui ne peut pas abandonner la partie

s'il veut approcher Dieu et savoir de quelles couleurs sont les foutues fleurs qu'on lui a collées dans la barbe.

Le grand couturier, le grand supinateur, les adducteurs, les pectoraux, tout le bastringue qui passionnerait un parterre d'internes ne sont plus pour moi que des obstacles à ma libération. Je ne sais même pas par quoi commencer. Attaquer une cuisse au couteau à pain requiert une rage proche de la démence. Les dents n'entament même pas l'épiderme, il faut forcer comme un mammouth pour entrer de quelques millimètres, dépasser le cuir et toucher le muscle. Atteindre l'os prend encore un temps infini et, rapidement, je ruisselle de sueur. L'idée est de pratiquer par plaques. Découper des plaques jusqu'à l'os et séparer ces plaques de l'os. Lorsqu'on décide d'une méthode, son application efface la réalité de l'objet sur lequel on travaille. Un truc comme un autre pour passer outre l'horreur de la tripaille. La première plaque est épaisse et cède difficilement. Mais je la tiens en moins d'un quart d'heure. Là, dans la cuisse de Beltrand, il y a un trou, rectangulaire comme une tombe et, au fond, l'os apparaît, avec ses filaments de viande encore attachés. Découper le rectangle de viande en quatre parts, puis, un par un, les passer au mixeur à bouillie pour en extraire un hachis que je plonge dans les toilettes. Tirer la chasse, écouter le sanibroyeur faire son office, voir l'eau se déteindre et redevenir claire et buvable. Et recommencer.

Je passe une heure rien que sur la première jambe. Au bout d'une heure, j'obtiens ce cadavre étrange qui possède tout sauf le revêtement de sa jambe gauche. Je prends une pause, me lave les mains, fume une cigarette au salon et, sitôt éteinte, reviens sur la zone d'excavation. Et je passe à la deuxième jambe. Je m'applique à correctement racler les os. J'évacue vite. Je nettoie correctement les appareils entre chaque utilisation pour que les rejets et déjections divers ne stagnent pas en profondeur. Je passe régulièrement les lames du mixeur à l'eau, vérifie leur tranchant qui s'abrase lentement, inévitablement. Lorsque la rotation du sanibroyeur s'achève, je débranche l'appareil et plonge ma main dans le trou pour vérifier que rien ne s'y est coincé. Ces saloperies vous lâchent plus vite qu'on croit, pour un fil dentaire ou un bout de compresse, et alors le technicien *ad hoc* vient chez vous, vous ouvre tout ce bazar et vous montre le fil dentaire ou la compresse prise dans les mâchoires du monstre et vous dit que ça n'est pas couvert par la garantie. Vous payez et le technicien s'en va en vous laissant un petit autocollant sur lequel une signalétique relativement claire indique qu'il est recommandé de ne pas jeter dans cette cuvette cigarettes, préservatifs, tampons hygiéniques. Mais jamais un cadavre.

Je tranche le sexe et les testicules de Beltrand sans la moindre sévérité, ni le moindre doute. L'ensemble occupe trop de place dans le mixeur et je suis contraint de les séparer pour mieux les hacher. À regret. Les fesses m'apparaissent comme d'étranges objets et je me demande, une fois qu'elles sont là, posées sur le carrelage devant le mixeur, si, ainsi séparées de leur base, on ne pourrait pas les prendre pour des seins de femme obèse.

Il ne reste plus que la moitié de Beltrand.

Si je prends une pause maintenant, je ne m'y remettrai pas. Mon cerveau refusera de fournir ses écrans de fumée et je commencerai à regarder ça comme un acte que j'accomplis. Comme si j'étais, à cet instant précis, tranquillement arc-bouté sur le cadavre d'un type que je ne connais pas, en train de le débiter en tranches avec un couteau à pain. N'importe quoi.

Le couteau à pain faiblit. Mes mains sont couvertes d'ampoules. Mes ongles refoulent des boulettes de muscles, de peau, de tendons. Le moteur du mixeur a des ratés et une brutale odeur de plastique brûlé s'en échappe à chaque utilisation. Seul le sanibroyeur semble en état de poursuivre l'équarrissage. Je décide de mettre en repos le mixeur, le temps de brutaliser les organes que le sanibroyeur devrait avaler sans vomir. J'ouvre le ventre de Beltrand par la blessure que j'y ai déjà faite. L'intérieur ressemble à un réfrigérateur bourré des restes d'une noce. L'odeur est tout simplement atroce. Je file des coups de lame là-dedans dans l'espoir de faciliter le tranchage mais les dents du couteau s'agrippent dans les textures tendres et je me retrouve avec un amas pendant de fibres digestives qui refuse de me lâcher. Le foie part dans les toilettes coupé en quatre, pendant que j'extirpe huit mètres d'intestins que je partitionne autant que je peux. Le premier bout ne passe pas l'examen et enraye le sanibroyeur qui se met à couiner. Je débranche et plonge mes mains dans la mécanique. Au toucher, la situation ne paraît pas inextricable, mais je ne peux pas me saisir de l'organe pour le tirer à moi, il est déjà passé de l'autre coté. J'aurais apprécié que cet incident mécanique se produise au moment de l'évacuation du gros côlon mais il n'en est rien. Le gros côlon est encore à sa place dans le bide ouvert de Beltrand, plein d'excréments, et je perds un nouveau quart d'heure à tenter de déplacer puis d'ouvrir puis de réparer le sanibroyeur que jamais personne n'avait visité depuis son installation. Le bout d'intestin fautif est là, pris dans les dents du fond de la bête, tranquillement installé dans un lit de boue brune dont les bords se sont fossilisés dans le plastique. C'est là que je dégueule. Je voudrais bien me retenir. Mais non. Je vomis, là, sur mes mains, sur le bloc ouvert du sanibroyeur et son petit morceau d'intestin coincé, sur Beltrand quand je veux m'échapper vers la baignoire, sur les rebords de l'évier quand je veux changer d'endroit, puis dans l'évier, lentement, longuement, infiniment, les yeux fermés en m'imaginant que si je les ouvre, je vais voir mon propre intestin pendre par ma bouche ouverte.

Je rouvre les yeux. J'ai peur un instant d'avoir disjoncté sans m'en être rendu compte. J'ai peur, en avant-propos, du retour à la réalité. Mais non. De regarder l'étendue des choses qui m'entourent ne m'égare pas le moins du monde. Ce qui devrait considérablement plus m'inquiéter. Je me saisis de la chemise de Beltrand et m'en sers de serpillière pour nettoyer. Je passe au jet l'intérieur du sanibroyeur et le réinstalle à l'arrière du bol de faïence. Je tire la chasse en me mordant l'intérieur des joues. Il met un certain temps à se remettre en marche mais le moteur reprend son usage.

Trois heures sont nécessaires à venir à bout du torse de Beltrand et de son contenu. L'une des deux lames du mixeur casse net en achevant de malaxer le dernier quart de trachée-artère. Le bloc-moteur est brûlant. Le sol de la salle de bains est inondé et je ne m'en rends compte qu'à cet instant. L'eau a glissé jusqu'à la sortie de la pièce et la moquette en a déjà absorbé quelques litres, se teintant au passage d'un doux rosé. Le joint du sanibroyeur. Cette saloperie s'est coincée dans l'entrée de la colonne d'eau et perd tranquillement, à chaque passage, de son chargement. Je tamponne le sol avec les vêtements de Beltrand mais ça ne suffit pas. Les miens y passent aussi, caleçon compris. Le sol finit par s'assécher pendant que je nettoie mes fringues. Je file les mettre à goutter dans la cuisine. Le temps de m'apercevoir qu'il fait nuit. Dehors, les gens vivent. Derrière la porte d'entrée bourdonnent encore le va-et-vient des employés de bureau ayant perdu leurs illusions et le rythme d'une vie bipolaire, marié au travail, associé à la tâche, enchaîné à la reconnaissance professionnelle, enclavé entre des blocs horaires et des temps de pause. Quelqu'un quelque part a dit : « La prolifération des exploités est indispensable à la prospérité des exploiteurs. Qui dit le contraire est un menteur. Comme est un traître tout exploité qui refuse de l'être. » Ah !

Dans la salle de bains, le désastre que représentent les restes de Beltrand me soulève le cœur, l'estomac, les talons, tout ce qui est susceptible de me renverser à cette heure que j'ignore. Ma montre est repliée dans son bracelet de métal, prenant l'eau dans le porte-savon intégré du lavabo. Je regarde mes mains saisir le couteau à pain et placer son manche entre les ampoules qui ont presque toutes éclaté. Il ne faut pas que je considère mon travail comme une chose normale mais comme une sorte d'exception, et alors je pourrai accomplir ce qu'il me reste à faire. À peine un truc pour lequel j'ai été confortablement rémunéré. À peine quelque chose pour quoi j'ai accepté de m'asseoir sur une poignée de principes qui me gardait encore du côté des hommes. À peine quelque chose. Une paille.

Équarrir les côtes ressemble à une sorte de nettoyage

sur un étrange instrument de cuivre, type trompette, oliphant ou tuba, un appareillage de pleins et de déliés, avec cette colonne vertébrale derrière qui s'accroche à tout, toutes ces vertèbres aux arêtes aiguës qui piquent mes doigts, mes paumes, lorsque je tente de m'en saisir pour stabiliser l'ensemble qui ne tient plus droit. Je me prends d'une brusque monomanie pour ce nettoyage. Le cœur a mis longtemps, avec l'unique lame du mixeur, à rendre sa bouillie. Le visage me donne du souci. Le cerveau aussi.

Il ne reste plus de Beltrand qu'un squelette qu'on dirait rongé par un étrange animal qui n'a pas consciencieusement œuvré. Il me reste à démembrer, casser les articulations et faire de tout ça une sorte de fagot qui entrera sans dépasser dans le sac-poubelle deux cents litres. Puis nettoyer. Puis me laver. Puis passer minutieusement en revue l'ensemble de l'appartement. Puis attraper la poche poubelle et sortir. Traverser la colonne ouvrière qui achemine cartons et dossiers de bureaux en étages, saluer ceux qui ne me voient pas. La voiture. Le coffre. La route. Un bois, je ne sais plus lequel. Un trou et Beltrand a définitivement disparu de la surface du globe.

26

Un aller-retour

Puis, je prends une décision retardée et, six heures plus tard, je suis garé devant le 22 de la rue Custine, dans le XVIIIe arrondissement de Paris. Je renifle un peu plus du fortifiant qui m'a fait prendre ma décision et je m'extirpe du siège qui ne me lâche qu'à regret. J'ai l'impression d'avoir été moulé avec la voiture et d'en être brutalement retiré, sorte de molaire pourrie que l'on déracine à la pince. Je suis une personne prévoyante qui ne rallonge pas son parcours de plusieurs centaines de kilomètres sans avoir de sérieuses raisons de le faire. Non seulement je me suis procuré cette adresse, mais en plus, j'ai le code de l'immeuble et le passe permettant d'ouvrir la porte d'entrée de l'escalier A.

Taillé sur mesure pour passer entre les boucles du serpentin de la rampe et monter dans les étages deux personnes à la fois maximum, l'ascenseur-cercueil me hisse *pianissimo* jusqu'au sommet de l'immeuble. Le sixième droite est une porte bleue. La sonnette n'émet rien. Alors je frappe trois coups que je réitère quelques secondes plus tard pour confirmer aux habitants de l'appartement que c'est ici qu'on frappe.

J'ai passé les six dernières heures à me convaincre qu'il fallait que je passe par cette case pour savoir précisément dans quel bain de lisier j'avais mis les pieds. Et je me suis convaincu que tous les moyens seraient bons pour atteindre cette partie de la vérité. Et qu'utiliser force et violence serait le meilleur moyen d'arriver immédiatement à mes fins. Quels que puissent être les obstacles sur mon passage. Y compris le petit garçon de quatre-vingt-quinze centimètres au jugé qui m'ouvre la porte.

« Bonjour ? »

La voix d'une femme sort de quelque part, derrière un couloir, accompagnée d'une légère réverbération indiquant la profondeur de l'endroit.

« Qui c'est, Orson ?

— Un monsieur, maman. »

Des pas remontent le couloir. Une blonde débarque, pliée en deux en rajustant ses collants avant de franchir le seuil du living. Trop tard, j'ai vu le haut de sa cuisse, un peu trop en chair, un peu trop enflée par la strangulation de la bande caoutchouc. Mais c'est une jolie femme. Ses yeux sont très clairs, son port impeccable, elle porte une robe froissée à l'usinage dont le tombé est volontairement irrégulier, masquant un genou, dénudant l'autre. Elle est un peu effrayée aussi. Ce qui la rend définitivement plus jolie encore. Elle vient de m'apercevoir dans le hall de son entrée, alors qu'elle ne me connaît pas et que je tiens Orson dans mes bras, visiblement contre sa volonté.

« Descends de là, Orson.

— Je peux pas, maman.

— James !

— Qu’est-ce qu’y a ?

— James !

— Putain ! Je peux pas être tranquille même pour me raser ? »

James débarque dans le living alors que je ferme doucement la porte et enclenche la barre de sécurité. La taille ceinte dans un drap de bain exagérément coloré, le ventre un peu mou masqué sous le nœud de l’éponge, de la mousse sur la moitié du visage, l’autre parfaitement lissée par la triple lame de son rasoir anglais.

« Bonjour, James.

— Qu’est-ce que vous faites ici, vous ?

— Je me suis procuré votre adresse, les codes de l’immeuble et un petit rossignol pour vous faire cette visite matinale afin que nous tirions au clair l’unique problème qui nous lie au secret. Et, d’une manière ou d’une autre, je vais sortir d’ici avec les informations que je suis si péniblement venu chercher.

— Sortez d’ici immédiatement, ou j’appelle les flics.

— Après toutes ces heures de route, je ne pense pas avoir la patience d’entendre ça, James. Vous êtes un hôte exécrable et un père parfaitement irresponsable. »

Je pince le bras du gamin. Orson pousse un hurlement et pleure immédiatement en appelant sa mère à la rescousse. Le réflexe maternel fait bondir Madame comme une lionne. Je saisis Orson par les quelques mèches que possède son crâne et je stabilise sa tête pour que leurs deux visages se regardent.

« Je ne vous conseille pas d’approcher. Les cervicales d’un enfant de trois ans ne sont pas encore assez solides pour résister à un choc de plus de dix kilos de pression. Et j'ai les nerfs particulièrement tendus ce matin.

— Lâchez-le.

— James, j'attends de vous une collaboration immédiate, ne serait-ce que pour le confort de votre famille. »

James est planté dans le parquet de son appartement. Victime de l'aphasie typique dont souffrent tous les types qui voient débarquer dans leur vie privée les soucis inhérents à leur vie professionnelle. Le côté en travaux de son visage peut encore masquer un peu de sa terreur mais l'autre donne des signes très clairs de panique. La grande société du crime recèle des légions de garçons comme James. Des petits cadres, un pied dans le business, l'autre dans la vraie vie, sortes de rémoras croisant à l'envi dans le sillage des grands fauves, profitant de certains créneaux, offrant des tuyaux dignement rétribués puis se recroquevillant à l'abri de leur double emploi. Et puis un jour, au petit déjeuner, la vie cloisonnée vole en éclats. La femme de James gifle James et James revient au centre de son living-room dont tous les éléments sont encore en place, preuve que la situation ne s'est pas encore aggravée. Maintenant qu'il est revenu, James comprend aussi que sa vie est foutue. Aucune mère ne peut accepter de vivre avec un homme dont les affaires menacent directement l'intégrité physique de sa famille.

« Lâchez mon enfant et je vous dis tout ce que vous voulez savoir.

— Dites-moi ce qui se passe et pourquoi quelqu'un tenait absolument à ce que je supprime M. Beltrand et je lâcherai votre fils.

— Je ne peux pas vous parler de ça ici, ça exposerait ma famille… »

J'ai les arguments pour couper court à cette mise en demeure mais Madame est plus prompte à l'exercice. James prend une nouvelle gifle mais cette fois il la rend. Plus fort encore, sur le nez de Madame qui se masque le visage avec ses bras et se met à hurler, du sang coule sur ses lèvres et tombe sur ses pieds. Ce connard lui a cassé l'arête du nez.

« Connard !

— Maman…

— Je suis désolé, Barbara…

— Ta gueule. Dis à ce fils de pute ce qu'il veut savoir et sors de cette maison. »

En voyant James, planté là entre deux sortes d'emmerdes, je me demande ce qu'il aurait fait si je n'avais pas été la cause de cette fricassée, si cet échange expiatoire de baffes s'était produit au hasard d'une dispute commune comme il semble qu'il s'en produise ici fréquemment. Aurait-il couru vers sa femme, serait-il tombé à genoux, l'aurait-il suppliée de lui pardonner, se serait-il humilié en se traitant d'indigne et de sale merde ? Je ne pense pas. Ces gens manquent de la superbe des couples qui s'adorent et sont encore au milieu du parcours. L'enfant que je tiens dans mes bras ne les a pas sauvés, bouée de plomb, réceptacle de tout leur amour perdu.

« Ils…

— Qui "ils" ? Commençons dans l'ordre, James. Qui sont-*ils* ?

— Bon Dieu, monsieur Lapelouse, je risque plus à vous dévoiler qui sont ces gens qu'à vous le cacher, vous comprenez ça ?

— Votre vision du pire ne semble pas vraiment convaincre votre femme. Ni moi d'ailleurs. »

James a fait un pas au-dessus de l'abîme et le voilà qui confond vitesse et précipitation. Le décloisonnement lui fait oublier les parts qu'il a dans la société. Que peut-il y avoir de pire ?

« Il y a des gens, monsieur Lapelouse, qui mettent en commun de grosses sommes d'argent pour qu'un certain nombre de choses se mettent en mouvement et multiplient la mise par dix, cent, mille ou un million.

— Qui sont ces gens, James ?

— Je ne sais pas. »

Je pince Orson à la cuisse cette fois.

Le hurlement du gamin arrache un cri à sa mère et me vrille un tympan. Je ne réagis pas, je reflue mes dégoûtations vers mes talons et j'attends. Madame pleure. James plonge ses yeux dans ceux de son fils dans l'espoir qu'il oubliera cet épisode, dans l'espoir qu'il ne métabolisera pas cet aspect de son père, qu'il ne recrachera jamais ce moment de souffrance et de peur atroce.

« Je ne sais pas qui sont ces gens. Je ne vois que des intermédiaires, sans doute les mêmes que vous.

— Que vous veulent ces intermédiaires ?

— Nous ne traitons qu'en termes d'emprunts et de prêts, je ne me mêle de rien d'autre que d'argent, monsieur Lapelouse.

— Et vous faites le facteur aussi.

— Rarement.

— Avec un certain plaisir, même.

— Non.

— Pourquoi venir me voir à Bordeaux, jouer les types mystérieux, me téléphoner pour me transmettre des messages ? Outrepasseriez-vous vos fonctions dans l'intention de flatter votre triste petit ego d'aventurier parasite, James ? »

Je pose Orson doucement par terre et le maintiens contre moi par les épaules. Sa mère s'est brusquement redressée et maintenant elle attend, comme à l'arrivée d'un train parti il y a trop longtemps. J'ai mal au bide, je vais devoir vomir tout ce que je n'ai pas mangé ces dernières vingt-quatre heures, à un moment ou à un autre.

« Quel est mon rapport avec cette histoire, James ?

— J'ai commis une erreur. J'ai fait un faux en écriture et j'ai ramassé une commission qui ne m'était pas destinée. Je suis un type bien vu dans la société et j'ai plutôt pas mal de crédit. Un autre que moi, on ne l'aurait pas retrouvé. Il serait sorti chercher des cigarettes et puis, pschitt ! Ils m'ont demandé des comptes et c'était le jour où j'ai passé votre dossier.

— Je ne comprends pas.

— Ces types sont prudents, je vous dis. Ils ne veulent pas traiter avec le crime organisé directement. Ils veulent payer des gens pour faire le boulot, n'importe quel boulot. Commander, payer et basta. Vous comprenez ?

— Je n'ai pas posé de candidature.

— On s'en fout, Lapelouse. Je leur ai filé un tueur à gages qui pratique du discount et ils vous ont contacté. Vous vous êtes montré particulièrement retors, alors ils se sont retournés contre moi. Ils me testaient. Je leur ai dit que vous étiez le genre de type à convaincre et qu'il y avait sûrement quelque chose à faire pour vous faire prendre l'affaire. Le reste me dépasse, monsieur Lapelouse. »

Orson est un enfant. Il a échappé à la situation électrique en attrapant diverses pièces de Lego qui traînaient dans l'entrée et, assis en tailleur, sans plus la moindre attention pour nous, il assemble les cubes, les barres et les briques dans un but imprécis ou expérimental. Assise sur le bord du canapé, sa mère déploie toute une combinaison de mouvements et mimiques pour attirer son attention et le faire venir à elle.

« Qui était M. Beltrand ?

— Un intermédiaire.

— Comment savez-vous ça ?

— Je le sais. Je sais des choses. On me fait confiance, des gars parlent, se confient, parfois on sort manger un morceau et les types racontent des histoires qui les font rire.

— Et vous les écoutez. Vous les écoutez et vous vous marrez avec eux, et peut-être même que vous aussi vous leur racontez un truc ou deux, une histoire, même un mensonge, juste le temps de frétiller à côté d'eux. Et puis c'est nul et vous passez pour un con. Qui était M. Beltrand ?

— C'était un intermédiaire, il faisait des petits boulots pour eux, des transports de papiers, des transports de fonds, des transports de gens, des transports de messages. Il avait une sale réputation parce que c'était un type très fier, très hostile et qui prenait tout le monde de haut et qui avait toujours une attitude cool très exagérée, vous voyez ?

— Non. Et je m'en fous. Continuez.

— Un jour, il doit remettre de l'argent. Beaucoup d'argent. Et il s'est acheté un pick-up et il ne jure plus que par son pick-up et il fait tout avec son pick-up et il charge l'argent sur la plate-forme de son pick-up et il part comme ça, avec une demi-douzaine de sacs qui se baladent à l'arrière de son pick-up et il va remettre l'argent, un bras passé par la portière. Et quand il arrive à destination, il manque deux sacs. Voilà.

— Voilà quoi, James ?

— Voilà. Il manque deux sacs et c'est le début des emmerdes. À la réception, les types disent qu'il manque deux sacs, ils comptent l'argent et ils appellent l'expéditeur en disant qu'il manque six millions. Alors l'expéditeur dit qu'il ne comprend pas, qu'ils ont bien compté avant de faire les sacs, qu'il y avait bien les douze millions, répartis en six sacs, comme convenu. Alors les types à la réception lui disent que non, ils ont bien recompté, il manque six millions et ils n'ont reçu que quatre sacs et qu'ils refusent de prendre cet argent, qu'ils le renvoient immédiatement avec le porteur et qu'ils attendent vingt-quatre heures de plus. Sur le chemin du retour, Beltrand panique, réfléchit, panique encore, réfléchit et puis panique et il prend la tangente. Avec les quatre sacs restants. Ils ont retrouvé Beltrand il y a quelque temps, il n'avait pas touché au fric, il leur a rendu et puis il a promis qu'il rembourserait le reste. Apparemment, quelqu'un devait bien l'aimer parce qu'ils ont été assez magnanimes. Ils lui ont laissé deux ans pour rembourser. Il a continué à faire des petits boulots pour eux, plutôt comme messager – le transport de fonds, c'était fini. Et puis, il y a quelques mois, son crédit est arrivé à expiration. Et Beltrand ne le savait pas. Il devait croire qu'ils avaient oublié, ou qu'il avait gagné un sursis.

— Pourquoi moi ?

— Je ne sais pas. Visiblement vous avez convaincu,

je n'en sais rien. Votre catalogue ne les a pas laissés indifférents, je pense. Vos passifs non plus.

— Comment ils peuvent savoir tout ça ?

— Merde, Richard, je n'en sais rien.

— Trouvez-moi ces types.

— Je ne peux pas. »

Je jette un œil à Orson qui joue à mes pieds. Orson lève les yeux vers moi et sa bouche se tord immédiatement. Il bondit sur ses pieds et s'enfuit en pleurant rejoindre les bras de sa mère.

« Dites-leur n'importe quoi, que je suis leur homme, leur tueur, que je rêve d'entrer dans l'équipe et que…

— Vous leur devez de l'argent, vous aussi.

— Vous savez aussi bien que moi que je n'ai pas ce fric.

— Non, je n'en sais rien. »

Qui voudrait bien croire que je n'ai pas cet argent ? L'assureur le plus ignare ne croirait pas deux secondes à cette histoire de double cambriolage. Beltrand a soi-disant perdu deux sacs dans lesquels il y avait quatre millions et on lui en a réclamé six. Une bonne recette. Quels sont mes réels arguments ?

« J'ai tué Beltrand comme ils me l'ont demandé et je rembourserai au comptant, quitte à pratiquer des tarifs préférentiels. Mais je veux les rencontrer. »

27

Du calme !

Les jours qui suivent ne sont pas les pires de ma vie.

Je tente de vivre en reclus, mais ça ne dure pas. Je me réfugie dans mon lit. Je me dis que c'est un bon endroit de souffrance, un puits où ressasser les tourments, les souvenirs, se vider dans les moellons à ressorts du matelas, transpercer le sommier, tourner-virer d'un bord à l'autre puis regarder le plafond comme un miroir, ne pas s'y voir… Résultat : je m'endors en cinq minutes en tripotant mes ampoules et ne me réveille que onze heures trente plus tard, dans la même position. Et je me sens bien.

J'en viens à me tâter.

Devant la glace, je me tâte, examen autoclinique, palpations de néophyte dont je ne ressors pas moins rassuré : pas trouvé la plus petite contracture. Juste mes mains et mes avant-bras qui sont vaguement douloureux à l'effort de type lavage de dents ou brossage de chaussures, les occupations de mes premières minutes de veille. Je me récure, je récure mes vêtements et mes intérieurs, et je décide de sortir.

Je vais dans une agence immobilière. Au centre-ville.

Je demande ce qu'ils ont comme place vaste, très en hauteur, donnant sur cour, avec peu de voisins et un propriétaire discret. La fille me propose un certain nombre d'adresses, me demande si je suis pressé, passe quelques coups de téléphone puis me conduit dans une petite voiture deux places à travers la ville. Nous passons l'après-midi à visiter des endroits de toutes envergures. Elle file systématiquement devant moi selon les règles de la bienséance consumériste, me laissant profiter à mon aise des pièces que nous traversons et de la fente tranquille de sa jupe qui ne dévoile rien plus haut que la demi-cuisse. Elle n'en sait rien mais elle me redonne goût aux bontés du corps humain et je m'en contente.

En dehors de ça, elle ne me fait aucune avance, reste parfaitement concentrée sur son activité, se recoiffe dans les ascenseurs, répond à mes questions avec des sourires étudiés en séminaires, fait grand usage de son téléphone portable, me demande parfois de patienter pendant qu'elle règle une transaction, manipule avec une dextérité incroyable les trousseaux de clés sans jamais se tromper dans leur choix et prend un plaisir certain à ce que je ne devine pas son âge. Elle porte des bagues en or et tient un bronzage impeccable qui lui fait visiblement faire des économies de fond de teint et de vacances.

Je me décide finalement pour un trois pièces du quartier Saint-Pierre, deux fenêtres donnant sur la rue tranquille du Chai-des-Farines, pierres apparentes, haut de plafond, troisième étage, pas de voisin de palier. Je signe des tas de papiers et la femme de l'agence sort de ma vie avec un sourire, une poignée de main et une jolie commission en poche.

Au bureau, un homme attend.

Jeune comme peuvent l'être les gens qui approchent la trentaine, correctement vêtu, une certaine décontraction dans le maxillaire, souriant même, bref d'une présence peu rassurante, j'entrevois dans le bonhomme le retour à l'anormale que j'attends depuis maintenant quarante-huit heures. Un sbire des amis de James. Mes poils se hérissent sitôt que sa voix grince. Je me sens agressé dès qu'il émet un souffle à travers ses narines. Une violente envie de le démolir sur place me saisit rien qu'à le regarder dans les yeux, et j'en viens à espérer l'instant où l'on me demandera d'aller dessouder celui-là pour la tarification d'usage. Je pense même que je pourrais prendre des initiatives. Donc je n'entends rien de ce que me demande le jeune type et je lui coupe brusquement la parole juste après avoir allumé une cigarette.

« Beltrand a été rayé de la carte comme vous le demandiez et les types que vous aviez postés à la sortie de son appartement vous ont déjà certainement fait leur rapport. Mais c'est terminé. Vous pouvez aller dire à vos copains que j'ai payé mon chrome et qu'ils me foutent la paix.

— Je vous demande pardon ? »

Le type de trente ans me regarde comme on regarderait un rat de laboratoire portant une blouse avec des stylos dans la pochette et son nom sur un badge. À ça, je comprends que s'il a des idées néfastes derrière le crâne, elles ne me sont pas destinées. Bêtement, comme j'aurais fait d'une gomme, je lui tends mon paquet de cigarettes.

« Ce sont des américaines. Vous aimez ?

— Je ne fume pas, merci. »

Il en prend finalement une mais ne l'allume pas et précise qu'il essaie d'arrêter mais que dire déjà « je ne fume pas » est un grand pas dans l'autosuggestion curative.

« Qu'est-ce que je peux faire pour vous ?

— Ma petite amie.

— Oui ?

— Pourquoi vous allumez cette caméra ? »

J'explique au trentenaire pourquoi cette caméra nous filmera tous les deux pendant toute la durée de l'entretien. Alors le trentenaire allume sa cigarette et perd toute illusion de pose théâtrale. Il avale des litres de fumée avant d'oser me voir de nouveau.

« Vous faites vraiment ce truc ?

— Le truc pour lequel vous êtes venu me voir ? »

À nouveau il se tait. Et fume. Je me fais toujours l'impression d'être un médecin dans ces moments-là. Je me demande s'il advenait un jour que ma profession fasse des émules et prenne franchise, si la fréquentation de ces officines discount ne serait pas aussi importante que celle des cabinets médicaux. Voire plus. Les gens ont l'air d'avoir plus de mal à supporter leurs congénères que la plupart de leurs maux. Combien l'on peut prendre sur soi de douleur avant d'y céder et de courir voir le dentiste qui vous percera la dent, la gencive, la pulpe pour vous soulager. Alors qu'on vient me voir sans vergogne pour broyer définitivement l'existence qui vous pourrit la vie, on m'expose sans souci le fin fond des histoires et on commande sans vriller l'aspect de la disparition. Je suis une sorte de docteur à qui il semble plus simple et moins angoissant de s'adresser.

« Et vous faites ça comment ?

— Vous avez un catalogue, là. Je peux vous laisser

le consulter si vous voulez. Je me tiendrai là pour répondre à vos questions. Vous voulez ? »

Le type de trente ans hoche la tête, alors je fais glisser le catalogue jusqu'à lui. Il écrase sa cigarette et ouvre la première page pendant que j'allume mon ordinateur pour me donner la contenance de celui qui n'est pas là. Je tape des conneries sur mon clavier, fais semblant de passer un coup de fil au cours duquel je plaisante bravement avec l'interlocuteur qui n'émet que sa monotone série de tuut !, je copie-colle deux pages du didacticiel d'un logiciel, les imprime, puis je les signe et les enferme dans une enveloppe kraft que j'adresse au ministère de la Justice et je balance le paquet dans la panière courrier. Bref, je donne un peu de vie à mon affaire pour ne pas inquiéter le jeune trentenaire sur des intentions trompeuses.

« Je vais prendre ça. C'est possible, ça ? »

Je me saisis du catalogue sur lequel il laisse planté son doigt, des fois qu'il y aurait méprise. C'est un truc que je n'ai jamais essayé. C'est dans le catalogue parce qu'il fallait bien un peu d'étoffe et que, passé les classiques du genre qui ne sont eux-mêmes que des mises à l'envers de recettes déjà prescrites, même un boucher a du mal à atteindre la page 100 sans se répéter.

« Qu'est-ce qu'il y a ? C'est pas possible, c'est ça ?

— Qu'est-ce qu'elle vous a fait, votre petite amie ? »

Le téléphone sonne alors que le trentenaire s'apprêtait à ne pas répondre tout de suite et à se murer dans un silence dont il ne serait pas sorti. Je décroche.

« C'est James.

— Bonjour, James.

— Je vous dérange ?

— Je suis en rendez-vous mais si ça tient en peu de mots, je vous écoute. »

Le ton de James est à des années-lumière de ses prétentions verbeuses de la semaine précédente. À sa voix, à la manière dont il hache les mots, à la réduction de ses phrases et à l'absence d'adverbes dans ses sentences, on sent la transformation psychologique du bonhomme. En face, le type referme le catalogue et se lève.

« Je n'ai pas pu avoir tous les renseignements mais…

— James, pourquoi vous m'appelez ?

— Laissez-moi finir, monsieur Lapelouse.

— Vous me faites perdre mon temps et mes clients, James. Comment voulez-vous que je paie mon crédit ?

— Richard. S'il vous plaît. »

Je ne fais rien pour retenir mon trentenaire. La porte se referme sur lui, j'entends ses pas s'éloigner dans le couloir, puis descendre les escaliers, puis la porte d'entrée qui s'ouvre laissant s'engouffrer les bruits de la circulation, puis à nouveau le calme du grand hall.

« Richard, vous êtes là ?

— Mon client vient de partir.

— J'ai votre contact.

— Mon client vient de partir et il y a des chances pour qu'il ne revienne pas voir un type qui n'est même pas foutu de le renseigner correctement…

— J'en ai rien à foutre de votre putain de client, Lapelouse. Je suis à la rue. Ma femme a changé les serrures, elle a porté plainte pour maltraitance, elle a demandé le divorce, je n'ai même plus le droit de voir mon gosse et elle menace de balancer ce qu'elle sait sur moi si l'instruction du dossier tourne court.

— La faute à qui, James ?

— Vous avez intérêt à écouter ce que j'ai à vous dire…

— La faute à qui ?

— MA FAUTE ! MA PUTAIN DE FAUTE ! ÇA VOUS VA ? » Dans l'appareil, j'entends une sorte de grésillement, comme si James m'appelait depuis une centrale électrique ou le cœur d'un gigantesque électroaimant. Son souffle est court, la trouille cavale à travers les ondes du réseau et il reprend, quatre octaves en dessous.

« Vous ne rencontrerez que des couvertures, des représentants. Des types comme vous, à peine plus haut placés dans la hiérarchie.

— Je me fous de ces types.

— Laissez-moi finir.

— Finissez, mais je connais déjà la fin.

— Je ne peux pas remonter aussi haut. C'est à vous de le faire. Je vous mets en contact avec ces types et vous grimpez. J'ai fait mon maximum.

— Alors vous avez une fausse interprétation de ce que peut être un maximum. »

Je raccroche.

Et maintenant, j'espère.

J'espère que les types qui nous écoutaient prendront eux-mêmes contact avec moi et qu'ils épargneront ce pauvre James. J'espère que je ne rencontrerai pas des types que je connais. J'espère que je serai à la hauteur de l'exercice. Et j'espère que tout ça ne prendra pas plus de quarante-huit heures parce que mon stock de patience est à renouveler et que je me sens à nouveau très, très fébrile.

On frappe à ma porte. La porte s'ouvre.

Le trentenaire est de retour.

28

Trente ans

La fille gît par terre, à quelques mètres de moi. En quoi étais-je obligé d'accepter ce contrat ? Le type de trente ans a mis un temps fou à me convaincre qu'il désirait bien cet article-là et pas un autre. J'ai argué qu'il y avait bien d'autres manières et que j'étais même prêt à baisser mes tarifs pour pratiquer autrement. Rien à faire. Je suis un rat, j'ai accepté ce travail de rat et maintenant la fille gît par terre et sa mort vient de libérer un client. Voilà. Une chose de plus en moins. Je vais la traîner jusqu'à son canapé, l'y allonger, je ne nettoierai pas par terre et je sortirai comme je suis entré, un souffle et puis plus rien. C'est un contrat qui coûte cher, le plus onéreux du catalogue, pièces et main-d'œuvre déduites. Bien entendu. C'était là mon dernier argument.

Le trentenaire a sorti une liasse de billets soigneusement enroulée autour d'une pince en argent et devant l'objectif de la caméra, il a fait glisser une à une les devises jusqu'au maroquin de mon bureau. J'ai pris l'argent, de manière un peu prématurée, j'ai formulé le questionnaire habituel auquel le type a répondu sans se détourner. Puis il est parti et moi aussi. Et sa petite amie gît dans le canapé et je referme la porte de son appartement qui, d'ici quelques jours, avec cette chaleur, sentira le bol de croquettes oubliées dans l'eau tiède.

Je ne suis pas très loin de chez moi et j'hésite à rentrer me reposer. Mais ce serait risquer de rompre le contact avec la hiérarchie de James. J'attrape un bus et traverse Bordeaux dans le sens longitudinal. Les transports en commun prennent toute leur valeur lorsqu'ils font ainsi la transhumance d'un bord à l'autre de la ville. Le terme « en commun » trouve tout son suc lorsque ce troupeau de grandes dames de Gambetta se retrouve brutalement encadré par une bande d'excités de la Victoire. Puis l'un ou l'autre sort du véhicule à accordéon et, pour un temps, l'engin devient le territoire mobile exclusif de l'une de ces tribus. Alors le paysage change à nouveau à l'entrée d'un nouveau quartier.

Le trentenaire m'attend à l'arrêt de bus en face du bureau.

Il est passablement nerveux et sa nervosité augmente lorsque je lui passe à côté sans même lui adresser un regard. Son attitude me froisse sans que je sache tout à fait pourquoi. Je ne me sens jamais lié en rien à mes clients, quel que soit le contrat. L'exécution de la tâche est en soi un point final et je ne revois jamais le contractant. On ne peut pas se fâcher comme ça avec tous ses proches. Sinon c'est la porte ouverte aux génocides familiaux.

Je cogne discrètement à la porte de Braun et une charmante demoiselle entrebâille le battant. Une brune, petite, avec des seins et un chignon qui promet une longueur de cheveux inhabituelle. Elle me sourit et parle avec un accent du centre de l'Europe, pour ce que je connais de ces contrées peuplées de goules et de gorges offertes.

« Le Dr Braun est en consultation hospitalière pour toute la journée. Il sera là vers dix-huit heures. Souhaitez-vous prendre rendez-vous ?

— Dites-lui de passer me voir. Je suis dans le bureau d'à côté et j'ai acheté du mezcal. »

On frappe quelques minutes après mon entrée. La porte s'ouvre et le trentenaire apparaît. Très agité.

« Vous ne m'avez pas vu à l'arrêt du bus ?

— Si.

— Alors ?

— Vous comprendrez qu'avec l'activité que je mène, je ne peux pas me permettre de discuter en pleine rue du bon déroulement d'un contrat. D'ailleurs, je ne discute jamais du bon déroulement d'un contrat avec…

— Comment ça ? On est censé vous croire sur parole ?

— Non. On est censé rentrer chez soi et vérifier par soi-même que le problème a été évacué. Rentrez chez vous, attendez douze heures et constatez.

— Excusez-moi.

— Vous êtes tout excusé. Maintenant, si vous permettez, j'ai du travail qui attend.

— Je voudrais que vous fassiez autre chose pour moi. »

Je regarde le type de trente ans et je comprends que je n'irai pas plus loin avec lui parce que je me suis trompé. Ce type est bourré d'ennuis.

« Je ne signe jamais deux contrats avec la même personne.

— Pourquoi ?

— Parce que c'est comme ça.

— Et si je vous menace ?

— Menacer de quoi ?

— Avec une arme ?

— Je pourrais être très contrarié.

— Et ?

— Écoutez, mon vieux, foutez le camp de mon bureau avant que je fasse le tour et que je vous expédie moi-même.

— Vous entendrez parler de moi, sale connard. »

Et de sortir en claquant la porte.

Plus tard, on frappe à nouveau et je ne réponds pas. Plus tard encore, nouvelle tentative. Cette fois, je me lève et j'ouvre la porte à la volée. C'est Braun. Un peu surpris, ce qui rehausse ses pommettes visiblement fatiguées, un instant au moins.

« Excuse-moi, j'ai un dingue qui me harcèle depuis hier. Entre, entre.

— Je peux m'allonger sur ton tapis ? J'ai les dorsales en bouillie.

— Fais, c'est du crin afghan. Je fais un joint ? »

Braun ne répond pas, il se ramasse lentement pour pouvoir se coucher au sol, les pieds sur la frise extérieure, la tête dans un assemblage de formes répétitives et chamarrées. Là, il grimace pendant quelques minutes, geint aussi un peu puis soupire longuement.

« Ça va ?

— Nan. J'ai des microfissures sur un disque, putain. C'est mon troisième lumbago cette année et je vais être obligé de remettre mon corset et ça me met les nerfs en pelote. Ça fait longtemps qu'on ne t'a pas vu traîner par ici. Tu freines ou tout le monde est mort ? »

Je propose du mezcal mais Braun préfère de l'eau qui ne transformera pas sa récente prise d'anti-inflammatoires en anesthésie générale. Je m'assieds contre le mur, fais circuler le joint et prends du service pour une mission d'écoute qui semble lui faire du bien. Tout tourne comme toujours autour du manque de moyens, quels que soient les milieux et les nécessités, il manque toujours l'essentiel pour dispenser correctement ce qu'on attend du service. Et tout le monde de ramasser plus qu'à son tour des brouettes de merde qu'il devra charrier jusqu'au point le plus haut.

« C'est la santé, bon sang ! Et la santé mentale, en plus. On gère des dossiers de types qui n'ont rien à faire dans la rue mais on manque de lits. Alors ces types sont dans la rue, et la seule solution qu'on a trouvée c'est de les lâcher avec une quantité suffisante de came pour qu'ils rentrent chez eux abrutis et démotivés. Ces types rentrent chez eux abrutis, démotivés mais jamais soignés, jamais réconfortés et quand ils se réveillent, rien ne va mieux qu'avant. Alors ils ont le choix entre sortir dans la rue pour laisser libre cours à leurs dingueries – exhibitionnisme pour les plus tendres, voies de fait pour les hallucinés, viol pour les moins perturbés – ou remonter la piste de l'hôpital de jour pour venir prendre leur ration de barbituriques. Je ne te parle pas du reste de la médecine ambulatoire mais c'est à l'avenant. »

Je fais un autre joint pendant que Braun continue sa juste litanie en tournant de temps à autre avec une extrême précaution sa tête vers moi, histoire de se donner l'impression qu'il ne parle pas qu'aux moulures.

« Un exemple, tiens. L'année dernière, je reçois dans mon service un type qui est transféré de Poitiers. Demande de placement par un tiers, je reçois l'avis dans la journée par une infirmière qui ne peut pas m'en dire plus parce que le psychiatre traitant est en réunion avec l'administration de l'hôpital. Le type doit me rappeler, mais tout est dans le dossier du malade. On prépare une chambre et le type arrive. Passablement agressif – on a été obligé de lui coller la camisole pendant le transport. Mais il est épuisé et, dans mon bureau au cours de l'entretien, il s'endort à moitié. Je prends le temps de consulter le dossier médical du type et je me rends compte que ce n'est pas son dossier, c'est celui d'un autre. J'appelle Poitiers mais le psy traitant est en consulte. Je fais transporter le type dans sa chambre et on lui enlève sa camisole. Là, le type se réveille et commence à s'énerver, à nous insulter, un coup part, une infirmière encaisse, on saute sur le type à quatre, on le maîtrise comme on peut et finalement, on le plaque au lit. Il a l'air de s'être calmé, on relâche un peu la pression et le type commence à dire : “Vous me tenez pas assez fort ! Vous me tenez pas assez fort !” J'essaye de le calmer, en lui disant qu'il n'est pas ici pour être enferré, je commence à vouloir établir le contact quand, soudain, ce mec dégage son bras droit, s'arrache un œil et l'écrase dans sa main. J'ai reçu le dossier médical vingt-quatre heures plus tard. Ce type n'aurait jamais dû passer par chez nous. Il était destiné au QHS de Cadillac.

— Bordel !

— Lui, il est enfermé. Et il était plus dangereux

pour lui-même que pour les autres. Dehors, là, à l'arrêt de bus, un de mes patients fait le pied de grue tous les jours à la même heure. Ça fait trois ans qu'il me consulte et qu'il me raconte comment il aimerait bien tuer la femme de son frère et comment un jour il va y arriver. J'ai monté un dossier sur ce type pour faire un isolement administratif parce que je sais qu'il est potentiellement dangereux et qu'il trouvera un jour ou l'autre le moyen de passer à l'action… Dick ? »

Je regarde par la fenêtre.

À l'arrêt du bus, le trentenaire est assis, les mains dans les poches, une cigarette éteinte aux lèvres. Il a l'air d'un type bien, jeune comme peuvent l'être les gens qui approchent la trentaine, correctement vêtu, une certaine décontraction dans le maxillaire, souriant même.

« Dick ? »

Pourquoi fallait-il que je trouve drôle de m'installer à côté d'un psychiatre ?

Qu'est-ce qui m'a pris de croire en mes misérables ressources ?

Combien de temps va durer mon calvaire ?

Je vais devoir tuer pour me soulager et choisir mes cibles pour que tout cela s'arrête. Après, je prends des vacances.

29

L'avocat au chewing-gum

L'entretien dure assez peu de temps. Comparativement à mon immarcescible envie de savoir, s'entend. Le type est grand, svelte, proche de l'anémie, mais je ne m'y fie pas le moins du monde. Sa décontraction doit beaucoup à ce bout de chewing-gum autour duquel s'activent ses mandibules. Parfois, il me sourit, tout comme il me parle, sans desserrer les mâchoires. Il fait de grandes phrases, une main dans la poche revolver, l'autre tenant une cigarette baguée d'argent qu'il remplace dès qu'elle est à moitié fumée. On dirait un insupportable grand frère de James ; je finis par me demander si ce connard de banquier ne m'a pas refourgué un aîné dont il aurait voulu se débarrasser à bon prix.

James m'a rappelé. En dessous de zéro, marmonnant des suppliques, je l'ai senti à genoux et je n'ai pas eu le cœur de l'achever. On ne sacrifie pas comme ça un valet qui a de prétendues entrées.

« C'est tout ce que j'ai pour l'instant, Richard. J'ai paré au plus pressé, je vous jure. Rencontrez ce type, c'est un premier contact.

— J'en ai déjà rencontré, des types. Vos copains

m'en ont envoyé quelques-uns. Une femme, même, pour le côté mélodramatique…

— C'est un de leurs avocats ! »

James me balance ça comme si ça devait peser sa tonne de cacahuètes. Un truc dans son ton s'est modifié, un peu d'assurance. On sent, loin derrière, la formation de guichetier, toujours prêt à rebondir, à se refaire, à lutter contre l'argument de l'usagé.

« L'avocat de qui, James ?

— Je ne sais pas. Je vous dis que je ne les ai jamais rencontrés. Lui, par contre, je le connais. C'est à lui que j'ai affaire la plupart du temps.

— La plupart du temps ? James, vous, un bandit… »

James raccroche. Je le laisse à sa petite crise d'identité le temps de faire tourner un café. Il ne tient que trois minutes et puis me rappelle.

« Je vous avertis, Richard, je ne suis pas votre laquais ! Alors, soit vous prenez ce que je vous donne, soit merde ! Je me fais bien comprendre ?

— C'est amusant, James, je voyais les choses tout à fait différemment.

— J'en ai rien à foutre de vos visions, monsieur Lapelouse !

— Dis donc, James, tu penses à ton gosse de temps en temps, tu te souviens comme on s'entendait bien, lui et moi, n'est-ce pas ?

— Non, Richard, je vous en prie…

— Alors, fourguez-moi autre chose qu'un con d'avocat qui va me regarder en mâchant du chewing-gum pendant que je lui ferai ma requête, bordel de merde ! »

Quand j'ai ce type en face de moi, je me dis que James a vraiment dû se surpasser. Le téléphone a sonné deux heures plus tôt. C'était une femme. Elle m'a demandé si j'étais bien le dénommé Lapelouse. Puis elle m'a demandé de ne pas quitter, m'a basculé sur une énième adaptation d'un antépénultième morceau de Burt Bacharach, puis le type que j'ai maintenant en face de moi a pris l'appel.

« En quoi puis-je vous être utile, monsieur Lapelouse ?

— Je ne sais pas, c'est vous qui m'appelez. »

Le type a semblé fouiller dans sa mémoire ou dans son agenda, ou les deux, en marmonnant pour lui-même que sa vie était un désordre inextinguible et que rien n'y ferait. Puis, il m'a remis.

« Ah ! Oui, Lapelouse, je vois. Bien ! Vous voulez qu'on se rencontre, c'est ça ?

— Entre autres choses, oui.

— Ben écoutez, très bien. Je fais une pause déjeuner, dans une demi-heure. On se retrouve au bar Castan. Ça vous va ? »

Le type a raccroché sans me laisser répondre. J'ai donc traversé Bordeaux dans la perpendiculaire et je suis entré dans le bar Castan, une demi-heure plus tard. Le bar Castan est ce que l'on a fait de mieux depuis le musée Grévin en termes de kitch néoclassique. Pourtant, à l'extérieur, la marquise Art nouveau en pâte de verre laisse présager du meilleur. Mais, une fois franchies les portes, on entre dans une sorte de caverne sous-marine en stuc protorocailleux grège au style ornemental des plus chargés. Le type m'attend là, au centre de l'aquarium, comme ces scaphandriers en plastique qu'on vend dans le commerce pour tenir compagnie aux poissons rouges. Il se lève, nous nous serrons la main, il mâche son chewing-gum, je m'assois, il fait de même.

« Écoutez, monsieur Lapelouse. Je ne sais pas bien ce que vous désirez. J'ai cru comprendre, à ce qu'on m'a dit, que vous souhaitiez connaître l'identité de certains de mes clients, à des fins qui, du reste, sont très floues – il faudra que vous m'éclaircissiez sur ce point, n'est-ce pas ? Toujours est-il que vous teniez à me rencontrer, alors voilà, je prends sur mon temps. Mais c'est surtout pour vous informer d'un détail que vous semblez avoir totalement omis, monsieur Lapelouse. Je suis avocat. Et rien ne m'oblige à vous fournir le nom de quelque client que ce soit, si tant est que l'un d'entre eux puisse vous intéresser… »

Je loge une balle de 9 mm dans le cœur de ce type à chewing-gum, puis une seconde dans le front. Là. Comme ça. Au beau milieu du repas de midi au bar Castan, au centre d'un parterre d'habitués hébétés dont certains trouvent prudent de faire preuve d'allégeance et de lever les bras au-dessus de leur tête. Puis, je sors, oblique vers le quartier Saint-Pierre en retirant ma perruque et ma moustache que je lourde, ainsi que ma veste rouge, dans un container à poubelles.

30

Le club des rouillés

Ce qu'il y a de bien, quand on provoque un lion, c'est qu'il réagit très vite. Entrer dans la cage, lui tirer la queue à deux mains et attendre qu'il fasse demi-tour pour vous bouffer. En voisin, je suis rentré chez moi à pied, je me suis fait couler un bain à la camomille, j'ai regardé *Le Jour du vin et des roses* et je me suis couché en larmes. Et puis je me suis endormi. Et puis je me suis réveillé dans le coffre d'une voiture aux amortisseurs confortables, qui dodelinait dans les ornières d'un chemin dur. On s'est arrêtés une première fois, on a redémarré, roulé encore, puis arrêtés de nouveau. Le moteur s'est éteint ; dehors, des chiens, au loin, gueulaient à tout rompre. On a marché sur du gravier autour de l'automobile et puis le coffre s'est ouvert. On m'a braqué une torche dans le visage, on a vu que j'étais éveillé, alors on m'a filé un coup avec la torche sur l'occiput.

J'ai émergé dans un salon cossu. À trois kilomètres de moi, dans l'âtre d'une cheminée abyssale, les flammes de l'enfer dévoraient un tronc de mille ans. Je n'étais pas attaché. Sous mes fesses, un voltaire habillé de velours rouge. Face à moi, quatre types, et un cinquième. Quatre vieux en costume anglais. Un jeune en costume italien. Quatre assis. Un debout.

« Monsieur Lapelouse, je tenais à vous présenter nos excuses pour la manière dont nous vous avons traité cette nuit. Mais vous comprendrez aisément que nous n'avions guère le choix.

— Vous êtes armé et dangereux, vous nous en avez fait la démonstration, à maintes reprises.

— Nous devions prendre toutes les garanties pour vous exfiltrer et vous ramener ici sans faire de vagues.

— Votre nouvelle adresse en centre-ville était une bonne idée. Nous nous sommes donné beaucoup de mal pour passer inaperçus. »

Ils ne sont pas marrants, ces petits vieux. Pas marrants du tout. Avec leurs petits accents sophistiqués, leurs jambes croisées qui ne froissent pas la laine simple fil de leurs pantalons impeccables. Beaucoup plus inquiétants que le larron qui monte la garde à ma droite et que je pourrais atteindre aux genoux sans même me faire remarquer. Ils ne sont pas marrants parce que je ne suis pas attaché et que je les contemple à mon gré, dans le silence de ce salon immense au centre duquel je ne pèse pas grand-chose.

« Monsieur Lapelouse. Je pense que vous avez quelques questions à nous poser, n'est-ce pas ?

— Au moins une, en tout cas. Non ?

— Après l'extraordinaire mise en scène à laquelle vous vous êtes livré ce midi.

— Nous sommes là pour vous répondre. Du mieux que nous pourrons. »

Je suis littéralement éberlué. À tel point que ma tête est vide. Je n'arrive qu'à les considérer tous d'un œil torve et dénué de la moindre interrogation. Tout mon à-propos a foutu le camp.

« Nous allons vous aider, monsieur Lapelouse. Je me présente, je suis Marmaduke Elsimborg. Voici mon vieil ami, Sir Lawrence, nous avons fait Eaton ensemble, n'est-ce pas Will ?

— De sacrés gamins, nous étions, vous pouvez nous croire.

— Voici Elmer Mapplethorpe. D'Austin. J'ai rencontré Elmer en 1978 dans le Serengeti. Nous suivions le même éléphant. Tu t'en souviens, Elm ?

— Je me souviens surtout que je l'ai tué et tu as raflé les défenses !

— Et voici, Jean d'Espieu. Lui, c'est un peu plus délicat. Comment expliquerais-tu ça, Jean ?

— Pas mieux que toi, Marmaduke. »

Nouveau silence. Les quatre Dalton me regardent, tout sourires. Comme si tout cela pouvait me donner du cœur au ventre alors que j'ai l'impression, plus que jamais, qu'on s'est gouré quelque part. Eux. Moi. J'en sais rien.

« Monsieur Lapelouse. Il est deux heures du matin. Il est parfaitement hors de question que nous vous offrions l'hospitalité.

— Alors s'il vous plaît, encore une fois, si vous avez quelque chose à nous demander, c'est maintenant.

— Au moins, que ce triste imbécile d'avocat ne soit pas mort pour rien.

— Il est tard et nous sommes de vieux messieurs fatigués…

— Enfin, bordel, mais qui êtes-vous ?

— Elsimborg !

— Lawrence !

— Mapplethorpe !

— D'Espieu !

— Et qu'est-ce que vous me voulez ? »

Les quatre hommes se regardent, consternés, la bouche en cul de poule, le goitre rentré, des mouvements d'épaules sous les vestons, la pommette rosissant. Puis ils se lèvent comme un seul homme, me jettent des œillades courroucées et quittent la pièce en file indienne. Je reste comme un vieux flan sur mon voltaire jusqu'à ce que le type au costume italien me tapote l'épaule. Je me retourne vers lui et je reprends sa torche sur l'occiput.

Je me réveille dans le coffre de la voiture, sur les ornières du chemin dur. On vient de redémarrer. Quelque chose bat désagréablement derrière moi, un cliquetis désordonné, qui me vrille les nerfs et m'empêche de réfléchir. Il faut que je trouve d'où ça vient, sans quoi je n'arriverai pas à penser. Je me retourne et j'aperçois un jour dans le fond du coffre. Je m'approche et constate que je suis dans un 4 × 4 dont les banquettes arrière sont amovibles. Et c'est l'une d'entre elles, mal claquée, qui tape contre son réceptacle ouvert.

Je ne peux plus prévoir quoi que ce soit. Faire des plans, j'en suis désormais incapable. Je n'agis plus que par détermination. La principale pour l'heure étant de ne pas finir à la corvée de bois, au fond d'une clairière. Donc, je vise la banquette mal claquée, je prends mon élan et je fonce, quel que soit ce qui m'attend derrière.

31

Retour en forêt

Toutes les tafioles en costume à paillettes, tous les « emmusqués » (endurcis) de l'arène, tous les camés de la banderille, bref tous ces imbéciles qui voient dans la tauromachie un moyen d'aller boire de la bière ailleurs que dans leur canapé Conforama vous le diront : quand on se décide à bondir sur le taureau, on n'y va pas avec le dos d'une pelle à tarte. Lorsque, du coffre, j'atterris dans l'habitacle par la banquette arrière, je n'ai qu'une seule idée : neutraliser, atomiser, dissoudre, pulvériser. L'adversaire est au volant. Il fait une brusque embardée en se retournant vers moi, qui nous dirige droit sur un arbre. Je révise donc mon jugement. J'ai le temps d'apercevoir dans la lumière des phares, outre le tronc du pin qui se précipite sur nous, un paysage qui, évidemment ne me rappelle rien et pour cause.

Soit je le tue et je me perds. Soit nous poursuivons cette trajectoire et, dans une seconde quatre centièmes, nous nous enviandons et je nous perds, tous les deux. Et comme cet idiot semble plus préoccupé par mon étrange délivrance que par sa propre survie, il faut que je réagisse très vite. Mais très vite, c'est déjà trop tard. Je n'ai le temps que de passer entre les banquettes avant pour tendre la main vers le volant. Le jeune en costume italien prend ça pour une agression et m'envoie son coude dans les mâchoires. L'instant d'après, c'est l'impact. L'air à l'intérieur du 4 × 4 se compresse brutalement, larsen dans mes oreilles, tout plane autour de moi, à moins que ça ne soit moi, un court instant en apesanteur comme dans un vol parabolique. Puis je percute, tout, dans tous les sens, membres décanillés, plafond, sol, aller-retour, appuie-tête, sellerie, pavillon aviation. Et tout s'arrête.

C'est étrange comment, en ces moments-là, on pense davantage à ceux qui nous accompagnent qu'à soi-même. J'ai les yeux clos et je me dis que, dans une voiture aussi coûteuse, le conducteur, pour peu qu'il soit un peu conscient du code de la route – ce qui doit être à mon avis le commun du gangster qui veut se faire oublier de la maréchaussée – aura pris soin d'attacher sa ceinture de sécurité et, le cas échéant, il aura été sauvé par la complexité d'un airbag haut de gamme. Je peux donc cesser de me faire du mauvais sang pour mon hôte et prendre quelques secondes pour faire le compte de mes osselets.

Lorsque la check-list est achevée et qu'il paraît moins redoutable de me mettre en mouvement, j'ouvre les yeux. Le jeune gars en costume italien n'est plus dans la voiture. Du moins, pas entièrement. Au-dessus du volant, je n'aperçois que ses pieds, pantalon remonté le long de ses jambes jusqu'aux genoux. Pas de ceinture de sécurité. Le type est passé outre l'airbag. Il gît, crâne fracassé contre le tronc de l'arbre, le corps reposant sur la tôle défoncée du capot, les mains crispées sur la calandre qui accuse un angle relativement peu ergonomique. Ce 4 × 4 vient d'achever sa carrière de pollution et son fidèle propriétaire a sombré avec lui. La fraîcheur de la nuit fait cliqueter les pièces chaudes du moteur, la forêt qui nous entoure s'est tue un moment mais reprend vie. Je tends un bras vers la poignée de la portière avant, je m'extrais et me plante sur le bord de la route. Du noir partout. La lumière résiduelle des phares survivants se perd dans les cimes. Une ligne droite bordée de pins maritimes. Bon sang, ce que je déteste les forêts haussmanniennes, c'est d'une telle banalité, d'une telle régularité contre nature que je ne comprends même pas qu'on puisse y vivre. Je regarde ma montre. Il est deux heures trente.

Bon, je déteste les forêts de pins, c'est une chose. Mais en attendant, à ce que j'en sais, ça voudrait dire qu'on n'est pas dans le Médoc. Parce que retrouver un château dont on n'a vu que le salon, en pleine nuit, au milieu du Médoc, bonjour. Alors que là, un château au milieu des pins, à une demi-heure de route du point de départ, ça doit pas courir les pare-feux. Quant à la direction à prendre, suffit de considérer la position du 4 × 4.

Alors je marche. Jusqu'à ce que j'aperçoive, à une centaine de mètres, un petit truc blanc sur le bord de la route. Une borne kilométrique. Et un peu plus loin encore, des phares qui viennent vers moi, vite, accompagnés d'une sorte de rythme sourd qui cogne comme un deux-temps supplémentaire. J'agite le bras, la torche massue du type en costume italien à la main. La voiture ne semble pas vouloir ralentir, le tabassage des basses non plus, plus elle approche et plus il me semble distinguer, sur la route qu'elle surplombe, une sorte d'aura verdâtre. C'est le soir idéal pour croiser une soucoupe volante. À cinquante mètres d'elle, je comprends maintenant que ce ne sont pas des extra-terrestres, que c'est un de ces véhicules que certains moins de vingt-cinq ans achètent et redécorent de fond en comble, les équipant de l'antenne aux essieux avec des accessoires clinquants qui coûtent un demi-Smic la pièce. Là, par exemple, l'engin qui me passe à côté possède sous le châssis deux magnifiques tubes aux néons verts éclairant la route, à l'usage, sans aucun doute, des petits gravillons. Et l'engin file sans me voir, ralentit un peu, juste pour admirer le 4 × 4 emplafonné, puis continue sa course en repassant coup sur coup deux vitesses qui font cracher de son pot d'échappement une flamme très exagérée. Je grimace. Je me retourne pour poursuivre ma route et arriver à la borne. J'y suis, m'y voilà, je braque la torche vers elle et je lis… LE PIAN-MÉDOC – 4 km. Je regarde les arbres au-dessus de moi, je maudis Haussmann ou ses imitateurs, la nature qui créa le pin maritime, stupides essences flexibles qui se pavanent en rang d'oignons comme s'ils ignoraient que bientôt, ils orneront le mur d'un studio d'étudiant sous la forme d'une étagère Ikea à neuf euros quatre-vingt-dix-neuf. Connards !

Je marche. Je marche. Mais pendant combien de temps je vais marcher comme ça ? Et pourquoi, au juste ? J'aurais dû attendre tranquillement, dans le coffre, la corvée de bois, en m'imaginant que ce type allait, en fait, me raccompagner chez moi. J'aurais dû faire mon coup à l'ouverture du coffre, une latte dans les gencives, puis, à coups de cric, lui faire gueuler l'adresse du club des liquides. Au lieu de ça, voilà une ligne droite de pins maritimes au milieu du Médoc et les reflets bleus d'un gyrophare qui viennent frapper les troncs que je croise. Je me retourne. Derrière moi, un fourgon de gendarmerie.

32

La boîte des pandores

La camionnette vient de s'arrêter sur le bas-côté, cent mètres plus loin, devant le 4 × 4 du type au costume italien. Feux de position, gyrophare, portières qui s'ouvrent et deux gendarmes qui descendent. Un troisième à l'intérieur passe l'info sur le canal. Il me voit. Je remonte vers eux en courant. Je n'ai pas d'autre choix que de leur servir une talentueuse pantalonnade.

« Mon lieutenant, regardez !

— Qu'est-ce qui vous est arrivé, monsieur ?

— Je n'en sais rien, je dormais. On venait de quitter le château. Je me suis endormi sur la banquette arrière. Y a des sangliers…

— Quel château, monsieur ? Vous veniez d'où ?

— Oh ! Putain, mon lieutenant ! Je crois que c'est Vaneau.

— Vaneau ?

— Le cousin à Cybile. Celui qui faisait le majordome au château Lespoir ! Il est mort, ce con !

— Vous veniez du château, monsieur ?

— Oui. On est partis il y a un quart d'heure, je crois…

— Mais vous êtes qui au juste, vous ? »

Le lieutenant me braque sa torche dans les yeux.

« Le jardinier.

— Vous êtes blessé ?

— Non. J'ai pris les airbags latéraux. Il est mort ? »

Le gendarme ne me lâche pas, ne répond pas, me détaille dans sa lumière, comme si je pouvais être autre chose qu'un jardinier de château victime d'un accident de la route, sur une ligne droite du Médoc.

« Ne restez pas au milieu de la route, monsieur. Venez vous asseoir. »

Je me retrouve à faire ma déposition à l'arrière du camion, encadré par trois gendarmes dont l'un passe au réseau mon identité. Les deux autres m'écoutent pleurer sur mon sort. La soirée avec Vaneau à boire quelques verres, à me faire plumer au poker, et puis Vaneau qui me dit « Allez, on va à Bordeaux, je te paie un verre sur les quais. Y a des Hongroises de dix-huit ans qui nous attendent… et moi, je voulais pas y aller parce que je voyais bien que Vaneau, il avait trop picolé. Mais bon, je suis nouveau au château, et puis Vaneau, il avait l'air de prendre ça de traviole, que je veuille pas le suivre. Alors bon, j'ai fini par dire oui et puis voilà… Oh ! bordel ! Il est mort ? »

« Vous vous sentez comment ?

— Mal. Comment vous voulez que je me sente ?

— Vous êtes blessé ?

— Non.

— On va l'emmener aux urgences, mon lieutenant.

— Ce n'est pas la peine, je n'ai rien, je vous dis.

— Qu'est-ce que vous en savez ?

— J'ai deux, trois notions de médecine. Je me suis

palpé un peu partout quand je suis sorti de la voiture. J'ai rien de cassé et j'ai pas pris de pète à la tête.

— Un jardinier avec deux trois notions de médecine, hein ?

— Les études de médecine, c'est comme tous les diplômes : ça se rate.

— Vous habitez où, monsieur ?

— J'ai une piaule au château. Je suis saisonnier. »

Le lieutenant Blert est un de ces gendarmes qui prend sa tâche très au sérieux. La suspicion est son domaine. Si le type en costume italien s'était crashé tout seul, Blert aurait passé au crible le pin dans lequel il s'est enviandé. Son collègue me rend mes papiers en me remerciant.

« On vous reconduit quelque part, monsieur Cazeville ? »

Au bout de la ligne droite, le gyrophare des pompiers. Blert finit par me lâcher pour sortir sur la route avec sa torche et faire de grands signes rotatifs à l'adresse des secours.

« Au château.

— Vous êtes sûr que vous ne voulez pas que les pompiers vous observent ?

— Ouais, vous avez raison. Je crois que c'est mieux. »

Un type en blouse blanche me fait une inspection rétinienne, me tripote les lombaires, les épaules, me fait marcher en rond, m'ouvre la bouche, m'envoie un signal dans les oreilles, prend ma tension, me file un cacheton, puis les gendarmes me renfournent dans leur camion, coupent le gyrophare, éteignent le plafonnier, démarrent et filent. Un quart d'heure plus tard, après avoir quitté la longue ligne de pins et être entré dans un profond paysage de vignes, nous sommes devant les grilles du château Lespoir. Blert ouvre la porte latérale et ne me quitte pas des yeux pendant tout le trajet qui me sépare du portique des visiteurs pédestres. Si cette porte est fermée, je suis marron. Derrière moi, j'entends le chauffeur qui piaffe :

« Bon, lieutenant, on y va ?

— Deux secondes, Dupuis. Deux secondes. »

Je pose la main sur la petite grille et je pousse. Elle résiste. Je m'y reprends à trois fois. Rien à faire.

« Z'avez oublié vos clés, monsieur Cazeville ? »

Dans le mur, à ma gauche, un petit bouton de sonnette ou apparenté. Mon unique chance de faire quelque chose pour m'en sortir. Je lève un doigt et le pose sur le bouton en priant sainte Thérèse de Lisieux pour que ce ne soit pas un interphone. Un petit zinzin résonne et le pêne de la grille se libère. Je pousse et entre.

« Merci, messieurs.

— Dites à M. Boulanger qu'on passera demain matin pour lui remettre notre rapport ! »

Quelle espèce de salopard, ce lieutenant ! Jouer au chat et à la souris avec autant d'obstination. J'étais en train d'amorcer mon demi-tour pour remonter vers le château mais je m'immobilise et me retourne vers lui.

« Je crois que vous faites erreur, lieutenant. Il n'y a pas de M. Boulanger au château. »

Le lieutenant hoche la tête. Puis il remonte dans son camion qui s'éloigne replongeant l'allée dans l'obscurité. La seule chose qui me guide à partir de ce moment, ce sont mes pas dans le gravier de l'allée.

33
Sonia

Après en avoir appelé à sainte Thérèse et avoir été exaucé, j'en envoie une petite à saint Médor, haut patron des clébards. À cette distance du château, avec ma vision nocturne déplorable, la présence d'un troupeau de rottweilers me serait fatale. Tout apprenti monte-en-l'air sait mieux que personne qu'un rottweiler n'aboie pas. Il vous trace et, au point d'impact, vous n'entendez rien qu'une paire de mâchoires qui vous sectionne les carotides et vous emporte l'œsophage.

Comme à un, deux, trois, soleil, je touche la porte d'entrée sans que rien de vivant n'ait bougé autour de moi. Je ne suis pas éliminé donc j'abaisse la poignée et, pour la seconde fois dans la même nuit, l'huisserie joue en ma faveur. J'entre.

Les gonds ne grincent pas, le bois ne racle pas, ma place au paradis va me coûter très cher si la veine me poursuit. Je pénètre la bâtisse dans un silence de mosquée en grève, à la lueur de vasques halogènes laissées en veilleuse pour le visiteur tardif venu prendre la part du pauvre. Il va forcément se passer quelque chose d'anormal à un moment donné, on ne remplit pas aussi simplement une grille de Loto gagnante. Tant pis, de toute façon, je ne suis même pas armé, je ne sais même pas ce que je vais faire ici, et j'ai la rage, ce qui n'est pas le meilleur état pour écrire un plan de bataille. Face à moi, un escalier, à ma gauche, une porte à double battant, à ma droite, la même, plus petite. Autour de moi, un vaste hall au sol duquel quelques champions du marbre ont enkysté des fleurs de pierre dans du carrare de qualité supérieure, comme au palais des Borgia à Florence. Et puis, quelque part dans l'air, les tonalités aiguës d'une télévision en sourdine. Alors que je m'approche de la grande porte, la petite s'ouvre dans mon dos, une démarche empressée s'immobilise et plusieurs objets fragiles se brisent en tombant. Je me retourne.

« Mon Dieu ! Qu'est-ce que vous faites là, vous ? Où est Gérald ? »

J'avais bien dit que je ne ferais pas un carton plein, ce soir. Elle ne porte toujours rien de notable à part une sorte de robe de chambre beigeasse qui me rappelle l'heure tardive. Sa voix aggravée par une consommation quotidienne de cigarettes blondes vient de se briser. Sonia. La grande fille blonde du chapitre 12. Ses mains s'agrippent encore au plateau qu'elle vient de laisser choir, sur lequel reposait sans doute une collation pour deux. Ses yeux sont immenses. Son menton se craquelle en petites bosses tremblotantes, une larme roule sur sa joue. Rien à voir avec notre ultime rencontre. Le château a maintenant avalé les derniers bruits de la vaisselle éclatée. Immobiles, elle et moi semblons attendre qu'un hôte se réveille. Puis, rassurés, nous revenons à l'actualité.

« Y a-t-il un endroit où nous pouvons discuter ? Laissez ça, ce n'est pas le moment. »

Mon ton est courtois, comme l'est celui d'un homme qui n'a pas d'arme pour imposer la marche à suivre à une femme potentiellement dangereuse. D'ailleurs, elle ne m'écoute pas ; accroupie, elle ramasse la faïence et le verre éparpillés, quelques blancs de poulet se mêlant à des pousses d'épinards, la moitié d'une bouteille de merlot dont le culot manque, deux fourchettes et deux couteaux, deux serviettes blanches dont l'une s'est imbibée de vin et qu'elle utilise pour essuyer le sol. La tête baissée sur sa tâche, ses cheveux me cachent son visage, mais je sais qu'elle pleure. Ses genoux sont bronzés, un pan du peignoir glisse le long de sa cuisse, mais il n'est pas assez rapide, elle se relève, me tourne le dos, emporte le plateau et disparaît par la porte qu'elle vient d'ouvrir.

Je retrouve Sonia dans la cuisine qui développe sa longue surface entre des fours, des bacs à eau aux profondeurs de baignoires, une cheminée et une table pour vingt-quatre en chêne assortie de bancs. Elle a posé le plateau, s'est assise, sa main gauche soutenant son front, une mèche passant entre ses doigts tressaute au rythme de ses sanglots, sa main droite, sans doute enfouie entre ses cuisses, maintient probablement son peignoir fermé. Je prends place à l'autre bout de la table et j'attends. Le pendule d'une comtoise égraine maintenant les secondes alors qu'à contretemps, le nez de Sonia aspire ses sanglots. Parfois, elle redresse un visage inondé, sa main gauche relève la mèche qu'elle coince derrière son oreille avant de soutenir son menton, le coude appuyé sur le bois. Dans ces instants-là, elle semble s'être calmée, elle regarde ailleurs, puis sa bouche se tord et, à nouveau, elle se cache pour pleurer. J'ai toujours été très mauvais avec les femmes effondrées. J'ai dû manquer quelques mises à jour de mon programme émotionnel, ou je l'ai bêtement gaspillé dans ma prime jeunesse quand je tombais amoureux une fois par mois d'une infidèle qui n'avait pas le temps de s'occuper de moi. Je voudrais bien essayer avec celle-là, je ne dis pas qu'en vieillissant je ne me suis pas racorni, mais après tout, si Vaneau s'appelait Gérald, je suis redevable d'un peu d'attention à défaut de consolation.

Je prends donc une profonde inspiration, décidé à me lancer, quand la main droite de Sonia sort de sous la table en brandissant maladroitement un pistolet dont le cran de sécurité a été au préalable rabaissé. Sonia redresse son visage vers moi, la bouche entrouverte, ses yeux se sont étrécis, elle pose son coude, passe un doigt sous son nez et arme le chien.

« Vous l'avez tué ?

— Sa voiture a percuté un arbre sur la route.

— Vous l'avez tué.

— Il n'avait pas mis sa ceinture, je n'y suis pour rien. »

Le visage de Sonia se déforme, elle lutte, mais les larmes l'assaillent de nouveau, le pistolet tremble dans sa main, mais je suis trop loin pour en profiter.

« Il était chargé de vous ramener chez vous.

— Qui ?

— Il devait vous ramener simplement chez vous puis rentrer ici. Et vous l'avez tué. Vous avez tué Gérald, monsieur Lapelouse. Ça ne vous a pas pris plus de quelques secondes et je vais finir ma vie seule.

C'est long, une vie de femme seule, vous savez ça, monsieur Lapelouse.

— Ça ne vous a visiblement pas effleurée lorsque l'un de vos collègues a tué une amie qui comptait passer une soirée tranquille en ma compagnie.

— Oh ! Je vous en prie, Lapelouse. Vous savez dans quel monde vous vivez, non ?

— Je vous retourne la question, mademoiselle. »

Sonia essuie son visage avec la manche de son peignoir et me considère pendant quelques secondes comme si elle me découvrait, là, assis à deux brassées d'une arme à feu qu'elle pointe sur moi.

« Pourquoi êtes-vous revenu ?

— La gendarmerie m'a reconduit ici. Je ne pouvais pas impunément leur dire qu'ils faisaient erreur.

— Et qu'est-ce que vous comptez faire ?

— Si vous me permettez, là encore, je vous retourne la question. »

Elle regarde son pistolet, essuie encore son nez qui coule, renifle, observe la pièce autour d'elle en s'attardant sur les poutres peintes du plafond. Ses yeux reviennent enfin vers moi, elle ramène sa longue frange en arrière et tend sa mâchoire inférieure vers l'avant, sorte de tic que l'on rencontre chez certaines personnes qui se trouvent le menton fuyant.

« Vous allez les tuer, n'est-ce pas ?

— Qui ça ? »

Elle lève les yeux vers les étages le temps d'un battement de cils. Et je revois son regard froid, sa voix rauque et la stabilité de son corps face à moi, dans mon bureau, lorsqu'elle m'a tendu les Post-it avec le nom du contrat dessus.

« Je n'ai rien décidé. Et je ne décide rien sous la

contrainte d'une arme. Vous savez que je suis une tête de lard et que j'aime avoir mon mot à dire. Qui sont ces gens, Sonia ?

— Ils ont dû vous le dire.

— Ça suffit, les conneries ! Qu'est-ce que vous faites pour eux ?

— Je fais ce qu'ils me disent et j'empoche du bon argent, comme vous.

— Sans blague. Et Gérald ?

— La même chose que moi. »

Elle déglutit douloureusement. Les larmes reviennent. Elle pousse un profond soupir qui les chasse. Voilà, c'est fini. Elle revient à moi.

« Et vous êtes nombreux ?

— Plus maintenant. »

Alors Sonia se lève, avance vers moi, me contourne et pose le canon de son arme sur ma nuque. Je me dis que cette table sera sans doute pénible à nettoyer si l'on prend en considération la vélocité d'un tel pistolet, pour peu qu'il soit chargé de balles puissantes. Des esquilles d'os viendront se planter dans le bois, enfournant à leur suite des particules de sang qui tatoueront à jamais ce plateau.

« Levez-vous ! »

Je me lève. Tant pis pour la table. Sonia m'impose de la précéder en poussant le canon plus profond contre mes cervicales et nous sortons de la cuisine, traversons le hall, entrons dans le vaste salon où j'étais tout à l'heure ; dans la cheminée le tronc achève de se consumer et une télé allumée diffuse *Alphaville*. Elle me dirige vers une porte derrière laquelle descend un escalier. Nous arrivons dans ce qui ressemble à un pavillon de vénerie, salle voûtée peuplée de trophées de chasse et de râteliers vitrés abritant plusieurs dizaines de fusils. Sonia recule et s'assoit au bord d'un fauteuil à côté duquel une paire de bottes en cuir brun s'affaisse vers le sol.

« Servez-vous. Les cartouches sont dans ce placard, là. Et ne me braquez pas inconsidérément. Je gère très bien les tentatives d'accident de chasse.

— Je ne ferai rien tant que vous ne me direz pas qui sont ces hommes et ce qu'ils me veulent.

— Ce qu'ils vous veulent n'a aucune espèce d'intérêt.

— Alors tuez-les vous-même. J'en ai assez. »

Et à mon tour, je prends place sur un banc, je croise les jambes, puis les bras et me cale la tête contre le mur de derrière. Nous nous observons le temps de savoir lequel des deux cèdera le premier. Ça m'emmerde, je déteste donner l'impression que j'ai un ascendant sur les femmes, mais la tournure des événements commence à m'irriter. Et quand je suis irrité, j'ai le désavantage de prendre des risques idiots. Au fond de moi, j'aimerais que Sonia puisse encore me tenir tête et me forcer à prendre ce Vernet-Caron que j'ai aperçu dans la vitrine et qui m'est apparu comme une œuvre d'art trompeuse.

« Monsieur Lapelouse, comme vous avez pu vous en apercevoir, vous avez fait les frais d'une OPA hostile sur votre petite entreprise. Et comme le font la plupart des imbéciles qui réussissent, vous avez placé votre orgueil de petit patron au-dessus de votre propre sécurité. Un manque de savoir-vivre qui vous a coûté très cher. Et j'en sais quelque chose.

— On ne m'ordonne rien. On paie, j'exécute et on ne se revoit plus. C'est ça, ma sécurité.

— Le problème, c'est que ces gens ont eu le bon sens de vous acheter au prix fort et qu'ils espéraient un retour sur investissement un peu moins ingrat. Vous avez renâclé, il était normal que nous vous remettions sur les rails. Vous ne prenez rien au sérieux, Richard. Vous avez monté ce petit discount comme l'aurait fait n'importe quel crétin issu de Sup de Co. Vendre votre savoir-faire c'est une chose, à bas prix c'est culotté, mais ne pas se rendre compte qu'en prospérant, on attire les gourmands c'en est une autre.

— Je n'ai jamais eu le sens des affaires.

— Bien sûr que non. Ça ou faire le commerce des bicyclettes au moment où la ville quadruple la surface cyclable, vous me direz, c'est purement opportuniste. Dans les deux cas, le pari n'est pas lourd. Seulement vous n'avez pas choisi le vélo. Et plutôt que de vous faire renifler par un consortium de pédaleurs, vous vous retrouvez dans un château du Médoc dont les propriétaires se contrefoutent de la vinasse qu'ils produisent. »

Je me trompe ou Sonia vient de me faire un petit clin d'œil de connivence ? En tout cas, la conversation a ramolli sa prise sur le pistolet, elle aussi a croisé les jambes, m'offrant, si je le désire, une vue plus agréable sur ses mollets et sur un décolleté qu'elle est prête à oublier pour peu que je ne tente rien.

« Vous auriez une cigarette ? »

Je sors de ma veste un paquet de blondes et le lui jette dans le secret espoir qu'elle aura du mal à le rattraper. Dommage pour moi. Elle l'ouvre, pioche et allume, puis elle fume tristement en se remémorant sans doute un autre temps. Alors, surprise, Sonia pose entre ses jambes le pistolet, expire un long tuyau de fumée et reprend la parole comme si elle savait qu'elle allait suffisamment me passionner :

« C'est l'histoire tout à fait classique d'une belle fille pas assez belle pour en faire son métier. Depuis l'âge de quatorze ans, les hommes la matent et elle aime ça.

« C'est pas tant leur plaire qu'elle aime, c'est de se dire qu'avec un corps comme ça, elle va pouvoir aller loin, sans faire trop d'efforts pour ramasser du pognon. Seulement voilà, elle a beau essayer, personne ne la remarque. Alors la fille en question, qui avait une haute estime d'elle-même, se rabat sur ce qui traîne. Miss maillot de bain, Miss La Teste, Miss Bassin d'Arcachon… Jusque-là, c'est prometteur, hein ? Elle fait même des émissions de télé. Vous vous rappelez ce truc sur France 3, l'été, avec des nanas tout en nichons qui lancent de l'eau sur le public et qui enchaînent les chorégraphies de merde derrière une ex-star revenue vendre sa soupe sur un rythme techno ? Ce que je vous raconte est d'un banal nauséabond, mais je me doute que votre histoire ne commence pas mieux que la mienne. J'ai rencontré Gérald l'été 2003. Il s'occupait du casting de l'émission. En gros, ça voulait dire rabattre les nanas à nichons qui n'avaient rien de mieux à faire dans la région pendant une semaine de forte chaleur. Il m'a draguée, je me suis dit qu'il pourrait sans doute faire des trucs pour moi, j'ai couché avec lui et, croyez-le ou pas, il a réussi à m'imposer sur les deux mois d'émissions. De Biarritz à La Hague. Un vrai bon plan, ce Gérald. Et puis gentil en plus. Et puis beau gosse. Enfin bon, bref, avec tout ça, j'ai fini par tomber amoureuse. Et puis l'été s'est terminé et je suis rentrée chez moi, j'avais dix-huit ans et avec mon CV, à part modèle maillot de bain pour des catalogues spécialisés, j'avais plus qu'à faire une école d'hôtesses. Et c'est là que mon histoire devient encore plus ennuyeuse.

— Gérald revient.

— Vous voyez. Je vous avais averti. Gérald revient et il me dit qu'on peut se faire un paquet de fric facile, que c'est un peu dangereux mais que bon, à l'âge qu'on a et avec un peu d'énergie, on peut marcher sur le monde. Dangereux comment, je lui demande. Alors là, Gérald il s'effondre et il lâche le truc. Il doit dix mille euros aux impôts, il a des chromes partout et les huissiers à sa porte. Ouais, Richard, du grand classique. Dix mille euros, vous vous rendez compte. De quoi égorger le premier venu. Je le calme, je m'attendris et au passage, je deviens la mère protectrice qui s'englue d'amour pour son pauvre petit endetté. Je lui demande à quoi il pense. Il me demande si je suis vraiment décidée à l'aider, même si ce qu'il va me proposer est très bord cadre.

— Coucher avec des hommes riches et mariés pour les faire chanter.

— Vous me surprenez, Lapelouse.

— Vous, de moins en moins.

— Je sais. Je continue ? »

J'allume une cigarette et me fous la fumée dans l'œil. Sonia en profite pour sourire.

« Vous voyez, les histoires les plus connes sont souvent celles qui marchent le mieux. Je vous tire déjà les larmes.

— Allez, la suite.

— La suite, vous la connaissez, elle s'appelle Jean d'Espieu et elle est encore plus mauvaise que les épisodes précédents. On aurait pu aller loin avec Gérald si ce type n'avait pas été notre premier client. Seulement voilà, Gérald est un type génial, il baise bien, il sent bon de la bouche et accessoirement, à défaut d'être tout à fait intelligent, il a de l'imagination. Jean d'Espieu est un homme d'affaires, c'est tout ce qu'il m'en dit et je pense sincèrement qu'à ce moment-là, Gérald n'en sait pas davantage. Je rencontre Jean d'Espieu selon un scénario creux et très bien expliqué dans pas mal de romans noirs. Le bar d'un hôtel, bonsoir, vous buvez quelque chose, et très vite un dîner, et très vite un ascenseur, un plumard, et paf la porte de la chambre qui s'ouvre à la volée et mon Gérald qui débarque avec une caméra et qui nous filme pendant dix secondes de panique totale. D'Espieu cloué la bite à l'air s'entend dire que le film va être diffusé s'il ne verse pas dans sa sébile dix mille euros. Ah ! j'oubliais un détail : on m'a fait fabriquer une carte d'identité qui prétend que j'ai seize ans, histoire de donner du poids à nos arguments. Là-dessus, on doit se tirer, non sans avoir fauché le portefeuille du type, mais d'Espieu nous fait un infarctus.

— Simulé.

— Comment vous savez ?

— Une idée comme ça.

— Pourtant, c'était crédible. Plié en deux sur le plumard, il est blême comme un mur, il respire une fois sur vingt et là, on est comme des cons. On tente des trucs, je lui fais la respiration artificielle, ça marche pas, je demande à Gérald de m'aider à trouver ses médicaments, on s'enfourne dans la salle de bains et quand on revient dans la chambre, d'Espieu est en pleine forme, un pistolet à la main. Voilà.

— Hein ? Voilà quoi ?

— Voilà comment on est entrés au service de D'Espieu, Gérald et moi. Comment il nous a présenté Elsimborg, Lawrence et Mapplethorpe. Comment on a commencé à faire le courrier pour eux, puis les concierges ici, puis à régler l'intendance de toutes leurs petites réunions, puis à tomber sur vous.

— Et qu'est-ce qu'ils font ces types-là quand ils se réunissent ?

— C'est du gros capital. Chacun détient des parts dans pas mal de compagnies et chacun arrange des transactions pas très licites pour ces mêmes compagnies : trouver du cash, des financiers pour de la délocalisation off-shore, des arrangements politiques pour de l'implantation d'entreprise, j'ai même entendu Mapplethorpe se vanter d'avoir vendu des stock-options pour participer à la deuxième campagne de Bush, c'est dire si ça brasse.

— Mais pourquoi moi ?

— Parce que vous n'êtes pas cher !

— Vous vous foutez de moi ?

— Monsieur Lapelouse, vous savez comme moi que la pingrerie est l'atout majeur de la réussite. Pourquoi prendre le risque d'utiliser la pègre à qui vous devrez toujours quelque chose alors qu'en centre-ville, un branquignole vient d'ouvrir boutique à des prix défiant toute concurrence.

— Et les trois cent mille, c'est une paille peut-être ?

— OPA hostile. Vous vous êtes fait racheter.

— Mais alors que vient foutre un type comme James dans ce montage ?

— Comme tous les autres. Si on ne veut pas utiliser la pègre, on se sert néanmoins de leurs techniques.

James leur devait un petit service, un truc latent. Quand vous êtes venu le voir, il a sauté à pieds joints.

— Et je suis censé faire quoi au juste ?

— Votre métier. Avec, de temps en temps, une petite mission pour vos patrons. »

Elle est plutôt contente d'elle, Sonia. Elle se frotte les mains contre son peignoir en me regardant dans le blanc des yeux. Et puis, elle reprend une cigarette. Et puis elle m'explique la suite qui tiendrait sur les blancs d'un billet de dix euros :

« Il y a de l'argent au château. Je ne sais pas combien mais je l'ai vu, un coffre, dans le bureau de D'Espieu. On va dire que cet argent m'appartient à partir de maintenant. Il m'appartient parce que vous allez tuer d'Espieu, Elsimborg, Lawrence et Mapplethorpe. Vous allez les tuer et les faire disparaître. Ce sera simple parce que cette petite rencontre impromptue s'est faite dans le plus grand secret et que personne ne sait qu'ils sont en France cette nuit. Et puis je vais vous payer pour avoir fait ça. La moitié de ce que contient ce coffre. Et nous ne nous reverrons plus. Vous en dites quoi ? »

34

In memoriam – Eugène Poubelle (1831-1907)

Alors je les ai tous tués. Ce n'est pas tant l'impressionnante arme à feu au bout du bras de Sonia qui m'y a poussé. Depuis l'émergence du *hard-boiled* et des films d'Humphrey Bogart, plusieurs générations d'hommes ont appris à séparer une femme d'un pistolet, soit d'une claque magistrale, soit d'un atémi au poignet, parfois même en usant de quelques phrases démotivantes à consonance sexuelle. D'ailleurs, Sonia a rapidement posé ce pistolet d'elle-même, sur une console japonaise entre la chambre de Mapplethorpe et celle de Lawrence. Un petit meuble laqué noir qui était là, tranquillement posé sur ses quatre pieds. Sonia y a lâché son arme plus qu'elle ne l'a posée, entaillant la peinture avec le cran de sécurité, et puis elle a saisi les bords de la tablette comme si elle voulait la soulever, et elle a vomi. Pas comme une de ces douces héroïnes platine qui hoquettent après qu'un homme l'a désarmée d'une quelconque façon. Un flot ininterrompu de matières diverses s'est échappé d'elle, plusieurs salves violentes ont été nécessaires et puis, au moment où je ressortais de chez Elsimborg, je l'ai trouvée recroquevillée à l'autre bout du couloir, les genoux remontés sous le menton, une certaine confusion de teinte entre son visage et son peignoir. Elle regardait le couteau de chasse avec lequel je venais d'œuvrer sur trois de ses anciens employeurs et d'où pendouillait un mince filet de peau qui gouttait sur la pointe de Hongrie du parquet. La présence d'un rouleau de sacs-poubelle dans mon autre main ne lui paraissait pas plus incongrue. Il y eut un bruit de chasse d'eau.

D'Espieux venait de sortir d'un petit cabinet à l'autre bout du couloir. Drapé dans un kimono vermillon, il est resté là un long moment à nous considérer en renouant sa ceinture, l'oreiller avait laissé des marques sur son visage, le sommeil avait brouillé la gomina de ses cheveux qui ressemblaient maintenant à une sorte de perruque hirsute et mal mise. Il n'aurait pas pu se donner meilleure contenance.

« Que se passe-t-il, Sonia ? »

Je me suis élancé vers lui au moment où son regard a plongé vers le couteau. Je l'ai coincé contre la porte du cabinet en le maintenant par les pans de son kimono. Un fumet tiède s'échappait de lui et du lieu qu'il venait de quitter derrière la porte duquel on entendait la chasse d'eau se remplir. D'Espieux était un type plutôt robuste. Il me résista autant qu'il put, griffant mes bras et mes mains alors que je tentais de lui saisir les cheveux et de le retourner. Lorsqu'il fut à genoux, dos à moi, et que je tirai sur le cuir chevelu pour dégager sa trachée-artère, il marmonna :

« Vous faites un bien beau métier, monsieur Lapelouse. Votre conscience professionnelle devrait être montrée en exemple à tous les chômeurs de ce pays. C'est avec ce genre d'initiative que nous sortirons du désastre. »

Je lui ramonai la gorge avec une frénésie invraisemblable. Dans le petit cabinet de toilette, je me lavai les mains. Dans le couloir, je redressai Sonia en lui donnant des ordres courts et clairs. Chancelante, elle s'en alla nettoyer les chambres. En descendant l'escalier, je l'entendis étouffer un rot.

Il fallut la journée entière pour découper les anciens occupants du château Lespoir, les réduire en cendres dans la chaudière du sous-sol et laisser refroidir le combustible. Une nuit complète pour nous reposer et discuter du lendemain.

À huit heures, je sortis de la propriété au volant du seul véhicule que Lespoir abritait dans ses dépendances. Un tracteur muni d'une remorque sur laquelle j'avais jeté quatre sacs-poubelle bourrés jusqu'à la gueule. En chemin, je croisai le taxi qui allait récupérer Sonia et l'emmener loin d'ici. Quelques kilomètres plus loin, j'entrai dans Macau et cherchai le cimetière. Derrière un petit muret, quatre conteneurs à poubelles attendaient le début de leur journée de travail. Alors que j'ouvrais le premier à ma portée, une voix m'interpella.

« Eh ! Qu'est-ce que vous faites ? »

Le lieutenant de gendarmerie Blert se tient à l'entrée du cimetière, à une dizaine de mètres de moi. Un sac-poubelle à la main, le couvercle du conteneur à bout de bras, je le regarde comme un gosse gaulé au moment où il vient d'enfermer un pétard mammouth dans une boîte aux lettres. Toutes proportions gardées, je ne me sens pas mieux loti. Blert s'approche de moi, un œil braqué sur mon paquet, alors que ses lèvres s'arquent d'un petit sourire narquois inimitable. S'il avait une cravache et des bottes, il se fouetterait nerveusement les mollets. Je reste littéralement bétonné sur place, incapable du moindre mouvement, je fais partie du mobilier urbain, une bitte antistationnement érigée là par un employé de la DDE un peu débile. Blert me prend le sac des mains et, visiblement surpris par son poids, il préfère le déposer au sol. Il ne me dit pas un mot, se contente d'épier mon regard lorsqu'il sort un petit couteau suisse de la poche de son uniforme, ouvre une des trois cents lames et tranche le lien du sac avant de l'ouvrir d'un geste théâtral. En pénétrant à l'intérieur, l'air fait voleter de la poussière de cendre. Blert, qui s'est dangereusement penché au-dessus de la poche, toussote et chasse les scories qui volettent devant son visage en se redressant brutalement.

« C'est bien ce que je pensais ! »

La maîtrise de l'effet dramatique, voilà ce qui caractérise le gendarme Blert. Ses petits yeux noirs, son sourire de moustique, son immobilité rigide, son phrasé martial : avec un tel bagage vous entrez dans son bureau pour tapage nocturne et vous ressortez convaincu que vous êtes coupable d'avoir cassé le vase de Soissons. Blert lève un doigt et le pointe vers les conteneurs. Puis d'une voix professorale, il dicte :

« En 1884, le préfet Poubelle a fait bien plus qu'inventer le réceptacle à ordures. Il avait déjà prévu le tri sélectif en imposant trois boîtes à déchets par immeuble : une pour les matières putrescibles, une pour les papiers et les chiffons et une dernière pour le verre, la faïence et les coquilles d'huîtres. Il a fallu plus d'un siècle pour que les habitants de ce pays se décident à respecter une loi qui, si elle avait été suivie à la lettre, nous aurait prémunis du désastre écologique. Un siècle de négligence citoyenne. Seulement aujourd'hui, tout ça, c'est terminé, monsieur le jardinier. Répétez après moi : conteneurs verts, le verre. C'est facile. Allez-y.

— Euh… Vert : verre.

— Non, monsieur le jardinier. Les mots sont importants. Conteneurs verts : le verre !

— Conteneurs verts : le verre !

— Voilà. Conteneur bleu : les journaux, les annuaires, les prospectus publicitaires. Je vous écoute…

— Conteneur bleu : les journaux, les annuaires, les prospectus publicitaires.

— C'est bien, on progresse. Ensuite, le jaune : emballages plastique et métaux.

— Conteneur jaune : emballages plastique et métaux.

— Vous voyez, c'est d'une simplicité évangélique. Le noir : déchets organiques.

— Conteneur noir : déchets organiques.

— Bien ! Et on appelle ça comment, monsieur le jardinier.

— Le tri sélectif des ordures ? »

Bert ne répond pas immédiatement. Son visage s'est fermé, ses narines se pincent, les muscles de ses mâchoires jouent sous la peau parfaitement lustrée. Il semble attendre que quelque chose se passe. Alors je me baisse très lentement sur le sac-poubelle, je vrille le haut, que je noue sur lui-même, je me redresse et j'apporte le sac en direction du dernier conteneur dont le couvercle est effectivement noir. J'y dépose le sac et reviens à la remorque du tracteur pour procéder de même avec les trois autres sacs, sous le regard statufié du lieutenant de gendarmerie. Lorsque je rabats le couvercle, Blert se rappelle à mon bon souvenir :

« Je ne crois pas beaucoup me tromper en affirmant que vous n'êtes pas jardinier, n'est-ce pas ? »

Le bleu de chauffe que j'ai pris soin d'endosser avant de quitter le château se détrempe aussitôt mais j'ai froid, intensément froid. Blert sourit de nouveau comme s'il avait devant lui une promotion sur pattes à qui il va très bientôt passer les menottes.

« Je ne vous demande pas de répondre à cette question, je vous laisse le soin de régler cela avec votre conscience. Je les connais, les types comme vous. Je ne porte pas de jugement, vous savez. On a tous nos difficultés et je suis plus enclin à pardonner la débrouille quand elle est nécessaire qu'à excuser la débandade. Mais mentir sur ses qualifications professionnelles à l'ANPE n'est pas une solution. Entre nous, vous avez de la chance que le baron d'Espieux soit par monts et par vaux les trois quarts de l'année, ça vous permet de donner le change en tondant la pelouse quand il est là, n'est-ce pas ?

— Oui, c'est vrai.

— Humm… Vous vous rendez compte tout de même que vous occupez un poste qu'un certain nombre d'honnêtes jardiniers sont en droit de réclamer, n'est-ce pas ?

— Je m'en rends compte.

— Et vous comptez faire quoi ? »

J'ai dit au lieutenant de gendarmerie Blert qu'il avait ma parole : j'allais rentrer au château rendre le tracteur et prévenir l'ANPE que je n'étais pas compétent comme jardinier, que j'avais outrepassé mes capacités et qu'en l'état, je préférais qu'ils me trouvent un poste mieux adapté. Blert a accueilli cette nouvelle avec une satisfaction toute militaire et il m'a laissé repartir vers ma mission d'intérêt public. J'ai ramené le tracteur au château Lespoir et j'ai appelé un taxi.

Dans le petit coffre mural derrière le Roy Lichtenstein, je dépose mes trois cent mille euros de récompense, puis je m'assieds à mon bureau pour considérer la situation. Comme je suis un être froid et déterminé, l'analyse ne s'attarde pas. Les conclusions que je tire m'amèneront sans doute à mettre à jour mon catalogue et les fondements mêmes de mon affaire, voire à me prémunir, à l'avenir, contre les usurpateurs. Je suis une nécessité pour la collectivité, au même niveau que la grande distribution ou l'accès au crédit. Je suis l'humble pièce d'un puzzle immense et je propose un service que tout un chacun est en droit de pouvoir s'offrir.

Braun passe la tête par la porte de mon bureau sans même frapper.

« Ah, t'es là ! Qu'est-ce que t'as foutu ? Ça fait trois jours que je fais l'accueil pour toi. J'ai pas que ça à foutre, moi. Y a une bonne femme à côté qui te réclame. Tu peux m'en débarrasser, je te prie ? »

Je remercie Christophe Dupuis, qui a vu naître ce roman semaine après semaine, ainsi que ses millions d'abonnés qui l'ont peut-être lu ; Stéphanie Delestré et Laurent Martin pour m'avoir offert vingt mille signes par mois pour une trop courte aventure ; et le Dr Michaël Brun pour m'avoir inspiré son propre personnage et avoir ricané à mes idées.

Table des matières

1 Le grand discount 9
2 La mère de James 16
3 Je m'installe 18
4 Questions de clientèle et éléments de réponse ... 21
5 Madame Dalban-Messière 29
6 Ma plaque 32
7 La routine 34
8 Moi et George Clooney 37
9 James 39
10 Tuez Lord Mac Herlan ! 43
11 Un flic 46
12 Une grande fille blonde 52
13 Dans une pinède 57
14 Troisième visite 61
15 La technique Manchette 64
16 Garage 69
17 Hôpital 71
18 On m'a cambriolé 74
19 Trois semaines 81
20 Début d'un retour à l'anormal 85
21 Le connard de trop 89

22 Quelques instants de détente 93
23 M. Paoletto 100
24 La philosophie dans l'habitable 109
25 Beltrand.. 115
26 Un aller-retour 127
27 Du calme ! 137
28 Trente ans 144
29 L'avocat au chewing-gum 151
30 Le club des rouillés 155
31 Retour en forêt 159
32 La boîte des pandores..................................... 163
33 Sonia 167
34 *In memoriam* – Eugène Poubelle (1831-1907).... 180

Composé par Nord Compo
à Villeneuve-d'Ascq (Nord)

Imprimé en Espagne par
Liberduplex
à Barcelone
en janvier 2014

POCKET – 12, avenue d'Italie – 75627 Paris cedex 13

Dépôt légal : février 2014
S24276/01